AF606988

Fútbol por la libertad

ENSAYO 54

La traducción de
esta obra ha dispuesto
de una ayuda del
Institut Ramon Llull

RAMON
USALL

Fútbol por la libertad

Esta obra, debidamente revisada, ampliada y actualizada para la presente edición, fue galardonada con el XXVII Premio de Ensayo Josep Vallverdú, convocado por el Ajuntament de Lleida a través del Institut Municipal d'Acció Cultural, y por la Diputació de Lleida, mediante el Institut d'Estudis Ilerdencs. Los miembros del jurado fueron Francesc Torralba, Josep Gifreu, Xavier Duran, Carme Arnau y Xavier Rubert de Ventós.

Hay gente que cree que el fútbol es una cuestión de vida o muerte. No estoy de acuerdo en absoluto. Puedo asegurarles que es mucho más importante que eso.

Bill Shankly

INTRODUCCIÓN: FÚTBOL Y LIBERTAD, ¿UN BINOMIO IMPOSIBLE?

Si echamos un vistazo al fútbol en el mundo actual, resulta difícil concebir este deporte como un instrumento al servicio de la lucha por la libertad. El fútbol de nuestros días, especialmente en el mundo occidental, se ha convertido en un gran espectáculo y en un gran negocio. El capitalismo norteamericano lo definiría como puro *show business;* otros optarían por parafrasear a Karl Marx y tacharlo de ser, como sustituto de la religión, el «nuevo opio del pueblo», mientras que hay quien, considerándolo un instrumento al servicio del poder para distraer a las masas de sus verdaderos problemas, habla de él en términos de «pan y circo». Y, seguramente, a ninguno de estos argumentos le falta razón.

Hace mucho tiempo que el deporte rey ha trascendido el periodo en que era solo un juego. Como afirma Ignacio Ramonet, el fútbol se ha convertido en un «hecho social total». Partiendo de esta reflexión cabe deducir que, si lo analizamos desde todos los puntos de vista —lúdico, social, económico, político o cultural—, a través del llamado *beautiful game* podemos descifrar y entender los valores y las contradicciones que definen a las sociedades contemporáneas.

El fútbol es, pues, un espejo de nuestro tiempo y de nuestra sociedad, con numerosos defectos pero también con algunas virtudes. Y es precisamente de esas virtudes de las que queremos hablar en este ensayo. En tanto que «hecho social total», este deporte supone un fiel reflejo de las tensiones políticas y estructurales que han marcado a las sociedades contemporáneas. Estamos acostumbrados a recordar episodios históricos en los que ha servido como instrumento de legitimación de gobiernos tan poco democráticos como el de Mussolini en Italia, el de Franco en España, el de Pinochet en Chile, el de la Junta Militar en Argentina o el de los Al Thani en Catar, pero debemos saber que la historia también es generosa en episodios donde el deporte rey se ha puesto al servicio de la lucha en favor de la libertad.

El presente ensayo nos transporta al papel que ha tenido el fútbol en el combate por la liberación de los pueblos, así como en la denuncia del fascismo y del racismo, al tiempo que reflexiona sobre su aportación a la lucha por las libertades democráticas, la justicia social y la igualdad de género.

Lo que leeréis a continuación pretende certificar que fútbol y libertad no solo no forman un binomio imposible, sino que son dos conceptos que han ido de la mano en muchos momentos de la historia reciente.

CONTRA EL COLONIALISMO

La industrialización de las sociedades europeas —y las profundas transformaciones sociales y políticas que conllevó— impulsó una carrera colonial en busca del dominio del mundo, con la que las principales potencias pretendían conseguir materias primas y mano de obra a bajo precio, además de abrirse a nuevos mercados donde colocar su creciente producción. El continente asiático y, en especial, el africano, fueron las principales víctimas de este fenómeno, que cambió el mapa mundial y dio pie al nacimiento de nuevos grandes imperios.

Al margen de las consecuencias sociales, económicas y políticas que generó en las sociedades colonizadas, uno de los efectos de la dominación colonial fue la imposición de las prácticas deportivas europeas a los pueblos colonizados. Desde el punto de vista cultural, la colonización comportó la práctica desaparición de muchos juegos ancestrales y ejercicios corporales tradicionales que los pueblos africanos y asiáticos venían practicando.

A finales del siglo XIX, las potencias colonizadoras introdujeron el fútbol en el continente africano. En un principio, su práctica estaba limitada a los colonos instalados en esos territorios, pero el nuevo juego no tardó en suscitar el interés de la población nativa, que comenzó a sustituir sus deportes ancestrales por los que habían traído los europeos. En cierta forma, este hecho iba asociado a la idea de convertir a los indígenas en hombres nuevos construidos a imagen y semejanza de sus dominadores.

Aunque el origen del fútbol en África y Asia fuera, pues, una imposición cultural foránea, también es cierto que la práctica de este deporte podía implicar un cierto componente liberador para los colonizados, del que los colonizadores, como veremos, eran plenamente conscientes. La razón era evidente: este nuevo deporte no solo permitía el enfrentamiento entre aborígenes y colonos europeos blancos, sino que hacía posible que los primeros derrotaran a los segundos.

Por ello, durante los primeros años de práctica del fútbol en las colonias, una de las primeras medidas que tomó la administración europea fue impedir que se organizaran partidos que enfrentaran a ambos grupos. El objetivo era evitar que el terreno de juego se transformara en un espacio donde el colonizado pudiera vengarse del colonizador, aunque fuese de manera simbólica. Esta fue la idea que adoptaron los movimientos anticoloniales africanos, que vieron en el fútbol —y en su creciente popularidad— un instrumento que, si bien les había sido impuesto, paradójicamente podía servir a su causa liberadora.

Fútbol para la independencia argelina

En junio de 1830, cuando los franceses desembarcaron en Argel y comenzaron una feroz colonización que se prolongaría más de ciento treinta años, el fútbol aún tardaría varias décadas en llegar al norte de África, donde fue acogido casi con más entusiasmo por la comunidad aborigen que por los propios colonos europeos. Durante las dos primeras décadas del siglo xx, para evitar que el deporte reprodujera las tensiones existentes entre la comunidad argelina y los colonos, las autoridades francesas prohibieron la creación de clubes formados exclusivamente por integrantes de religión musulmana, mayoritaria entre la población local.

Fruto de esta prohibición, hasta 1917 no surgió el primer equipo oficial argelino formado solo por jugadores islámicos: el Mouloudia de Orán, al que seguiría poco después su homólogo en la capital, el Mouloudia Club de Argel, una entidad creada en 1921 que enarbolaba los colores de la futura bandera argelina y que supuso el primer gran símbolo de resistencia frente al poder colonial francés.

Pese a ser los primeros, los Mouloudias no fueron los únicos. Poco después de su creación, varios equipos de distintos puntos del país siguieron su ejemplo y fundaron clubes musulmanes que desafiaban la hegemonía ejercida hasta entonces por los equipos coloniales, los cuales contaban con todos los favores de la federación local, asociada directamente a las autoridades galas que dominaban el territorio.

El potencial del deporte como elemento de combate ideológico no pasó desapercibido al Frente de Liberación Nacional (FLN) cuando, el 1 de noviembre de 1954, desencadenó la insurrección armada que pretendía liberar Argelia del yugo colonial. El joven FLN no tardó en comprender que el fútbol tenía una repercusión social y mediática que trascendía el ámbito deportivo, y en 1956 ordenó la retirada de los equipos musulmanes de la liga colonial. La decisión se hizo efectiva de inmediato y se mantuvo hasta el final de la guerra, en 1962.

El objetivo de esta medida era rechazar la imagen de normalidad que las autoridades francesas pretendían proyectar de la situación en Argelia. Resulta revelador que esas mismas autoridades se negaran siempre a hablar de «guerra», refiriéndose a lo que ocurría en el país como «los acontecimientos de Argelia», un eufemismo con el que pretendían negar que lo que sucedía era una beligerancia abierta entre los independentistas del FLN y el ejército colonial francés.

Más allá de impedir que el campeonato colonial sirviera como instrumento propagandístico para las autoridades francesas, el FLN comprendió que el fútbol podía internacionalizar su lucha independentista, y con esa finalidad impulsó la creación de equipos que difundieran su causa por todo el mundo.

Hasta entonces, los precedentes de un equipo nacional que representara a la población argelina eran prácticamente inexistentes. Cabe mencionar únicamente un partido amistoso solidario entre una selección del Norte de África y el equipo nacional de Francia, disputado para recaudar fondos para los damnificados por el terremoto que, en septiembre de 1954, había castigado la localidad de Orléansville, conocida hoy como Chlef.

El primer equipo que compitió bajo la bandera nacional argelina fue la delegación de jóvenes que participó en el Festival Mundial de la Juventud, celebrado en 1955 en Varsovia, y que, bajo el auspicio de los países del bloque socialista, congregó a representantes de organizaciones revolucionarias e izquierdistas de todo el planeta. Esta experiencia se repitió en la siguiente edición del festival, organizada en 1957 en Moscú, cuando el equipo de jóvenes argelinos desfiló uniformado ante el mismísimo Nikita Kruschov y demostró un notable nivel competitivo al derrotar por un contundente 14-4 a un equipo de jóvenes comunistas franceses. Fue en este encuentro cuando Mohamed Boumezrag, antiguo jugador y militante independentista, comprendió la importancia que podía tener la creación de una selección argelina de fútbol y se puso a trabajar para convertir ese sueño en realidad.

Tras su participación en el festival de Moscú, los dirigentes argelinos impulsaron la creación de una selección *amateur* y de un equipo del Ejército de Liberación Nacional (ALN), que recorrió distintos países árabes entre 1957 y 1958, desde Libia hasta Arabia Saudí, pasando por Irak y Palestina, con el objetivo de obtener apoyos económicos y políticos para los combatientes argelinos.

A partir de estas experiencias, Mohamed Boumezrag maduró el proyecto de crear un equipo del FLN que representara la lucha del pueblo argelino a escala internacional. A esta idea también contribuyeron Mokhtar Arribi, por aquel entonces entrenador y jugador del Olympique Avignonnais, el equipo de la localidad occitana de Aviñón, así como Abdelaziz Bentifour y Mohamed Maouche, jugadores respectivamente del AS Monaco y del Stade de Reims, y activos militantes del FLN.

El plan contemplaba la fuga de los futbolistas profesionales argelinos de sus clubes franceses para constituir un equipo de la Argelia libre. El proyecto contó con la complicidad de la federación francesa, que puso al servicio de la causa su infraestructura logística clandestina. Ali Haroun y Kaddou Ladlani, dirigentes de la federación, comprendieron la importancia que podía llegar a tener una acción de tales características.

Los responsables políticos del FLN en Francia trabajaron desde comienzos de 1958 para organizar la huida. En abril de ese mismo año, los once mejores futbolistas argelinos que militaban en clubes franceses abandonaron sus respectivos equipos para reunirse clandestinamente en Túnez y constituir un combinado que representara a la Argelia combatiente.

Para los jugadores no fue una decisión fácil. Algunos habían sido preseleccionados para el Mundial de Suecia, que se celebraría ese verano, y otros, como Rachid Mekhloufi o Mustapha Zitouni, eran habituales de la selección gala. Finalmente, diversos factores acabaron por decantar la balanza y todos los futbolistas convocados huyeron hacia Túnez: su propia condición de militantes y simpatizantes independentistas, el compromiso que se les exigía con la lucha por la libertad de su país y la capacidad persuasiva del FLN, que estaba dispuesto a sancionar a quienes no acataran sus órdenes.

La operación fue un éxito. Solo uno de los jugadores, Mohamed Maouche, fue detenido en la frontera franco-suiza, después de que una confusión lo obligara a regresar a París cuando ya había conseguido escapar. Las autoridades francesas lo destinaron durante dos años a la estación invernal de Chamonix como castigo. Tras este periplo pudo reencontrarse con sus compañeros en Túnez, coincidiendo con la cuarta y última tanda de futbolistas que abandonaron sus clubes en Francia, dejando al país huérfano de jugadores de origen argelino.

Una vez llegados a Túnez, en abril de 1958, los primeros futbolistas en reunirse en la capital descubrieron que la dirección del FLN no estaba al corriente de su llegada. Con todo, los dirigentes independentistas comprendieron la importancia simbólica de un equipo de semejantes características y se pusieron a trabajar para convertirlo en una realidad.

Ese mismo abril, el equipo del FLN jugó en Túnez sus primeros partidos contra combinados locales, y en mayo disputó un torneo intermagrebí en solidaridad con la prisionera independentista Djamila Bouhired, una de las heroínas de la batalla de Argel, detenida, torturada y encarcelada por los paracaidistas franceses del general Jacques Massu, un escuadrón en el que también había militado un joven Jean-Marie Le Pen.

En septiembre de 1958, la Revolución argelina dio un paso más en su estrategia de construcción nacional con la creación del Gobierno Provisional de la República Argelina (GPRA), presidido por el histórico militante nacionalista Ferhat Abbas y con sede en Túnez. El nacimiento de esta organización dio nuevo impulso al equipo del FLN: Abbas comprendió el valor de tener una selección de fútbol que encarnara la imagen de un pueblo en lucha por su independencia y decidió promover y ampliar su actividad de manera notable.

A partir del otoño de 1958, el equipo del FLN amplió su radio de actuación. Hasta entonces solo había disputado partidos en Túnez y Libia, ambos Estados fronterizos con Argelia; a partir de ese momento protagonizó varias giras que lo llevaron a distintos rincones del planeta y le permitieron dar a conocer la causa argelina al tiempo que recaudaba fondos para financiar la lucha independentista.

La relevancia internacional de esta selección tampoco pasó desapercibida a las autoridades galas. La presión de Francia sobre la FIFA provocó que esta amenazara con severas sanciones a cualquier federación que recibiera al equipo del FLN. A ojos de la FIFA, los futbolistas argelinos eran desertores. Los Estados socialistas de Europa del Este y los miembros del Movimiento de Países No Alineados, solidarios con la causa argelina, se enfrentaban al equipo del FLN pero optaban por cambiarle el nombre y modificar parte de su composición para esquivar las sanciones de la FIFA. Muchos países árabes hacían lo mismo. Solo Marruecos, por orden del rey Mohamed V, se atrevió a jugar contra el combinado argelino con su selección oficial, lo que fue interpretado como una muestra de la voluntad del monarca alauí de reconocer la independencia de su vecino. La FIFA, fiel a su amenaza, excluyó temporalmente a Marruecos de la organización internacional.

Gracias al alcance de los partidos del equipo del FLN, sus futbolistas se convirtieron en representantes de la causa nacional. Europa del Este, el Próximo Oriente y el Lejano Oriente fueron sus destinos más frecuentes. Además de jugar al fútbol, el equipo ejercía de embajador de la Revolución argelina: contaba con un comisario político, Mohamed Allem, que se dirigía al público antes de cada partido para explicar la situación en Argelia y recabar apoyos internacionales. La bandera argelina, prohibida en su propio territorio, se izaba antes de cada encuentro, al tiempo que sonaba la melodía de *Qasaman,* el emotivo himno nacional escrito desde la cárcel por el poeta Moufdi Zakaria.

Durante las giras, los jugadores se encontraron con personalidades como el presidente tunecino Habib Burguiba, el secretario general de la Liga Árabe Mohamed Abdul Khalek Hassouna, el rey Huséin I de Jordania o el líder revolucionario vietnamita Ho Chi Minh. Estos encuentros tenían a veces un cariz distendido, como lo ilustra la anécdota que protagonizaron con Ho Chi Minh cuando este, tras la victoria argelina por 5-0 sobre el combinado de Vietnam, se dirigió a los jugadores para decirles: «Nosotros ganamos la guerra a Francia y ahora acabamos de perder contra ustedes. No duden, pues, ni un momento de que terminarán derrotando a los franceses».

Finalmente, en julio de 1962, tras más de siete años de guerra, los vaticinios de Ho Chi Minh se cumplieron y Argelia se convirtió en un Estado independiente. La plena soberanía del territorio argelino implicó también la disolución del equipo del FLN.

Con el reconocimiento internacional de su independencia, Argelia vio cómo la misma FIFA que había amenazado con sancionar a cualquier federación que se enfrentara al equipo del FLN aceptaba como nuevo miembro a la recién creada Federación Argelina de Fútbol. Su selección podría por fin demostrar que aquellos triunfos en Yugoslavia, Rumanía o la Unión Soviética habían sido fruto del talento de una generación excepcional a la que la guerra le había impedido brillar.

Desgraciadamente, la nueva selección argelina llegó tarde para participar en el Mundial de Chile de 1962 y, en la siguiente edición, celebrada en Inglaterra en 1966, el boicot africano en protesta por la distribución de las plazas mundialistas impidió de nuevo que la brillante generación del equipo del FLN disputara una competición internacional oficial.

A pesar de esta decepción, esos jugadores obtuvieron un título que difícilmente podrá conseguir ningún otro futbolista: el de la libertad de su país. Su sacrificio fue reconocido hasta el punto de que sus integrantes fueron considerados muyahidines y recibieron la pensión y los reconocimientos reservados a los antiguos combatientes por la libertad.

La relevancia de este episodio en la lucha por la independencia de Argelia llevó a Houari Boumédiène, presidente del país entre 1965 y 1978 y antiguo combatiente del Ejército de Liberación Nacional, a considerar que los futbolistas del equipo del FLN se habían convertido en figuras inmortales para la nación.

Mouloudia, el corazón de Argelia

Si hablamos del uso del fútbol como instrumento contra el colonialismo, en el caso argelino resulta imprescindible citar al Mouloudia, uno de los primeros clubes del país integrado exclusivamente por jugadores musulmanes.

Si bien los colonos habían llegado a Argelia en 1830, hasta 1916 no nació esta entidad pionera. El Mouloudia Club Musulmán Oranés se fundó el 24 de diciembre de aquel año, aunque no sería oficializado hasta enero de 1919. Por entonces, incluir la palabra «musulmán» en la denominación de un club suponía un desafío a las autoridades francesas, que rechazaban los equipos con dicha adscripción religiosa por temor a que se convirtieran en escaparates del nacionalismo argelino.

Al Mouloudia Oranés le siguió, en 1921, el primer equipo musulmán nacido en Argel, creado por un grupo de jóvenes de la Casbah y de Bab El Oued, dos de los barrios más populares de la capital. La iniciativa partió de Aouf Ahmed, inspirado por una escena que presenció en una plaza a las puertas de la Casbah: un sargento del ejército francés se dirigió en tono burlón a sus soldados mientras miraba cómo un grupo de niños argelinos jugaba al fútbol con un balón hecho de papeles, diciéndoles: «¡Este es el Parque de los Príncipes de los árabes!». Esa vejación impulsó a Ahmed a crear un club deportivo árabe y musulmán que compitiera contra los colonos, y al día siguiente puso en marcha el proyecto.

El 7 de agosto de 1921 nacía el primer equipo de fútbol plenamente argelino de la capital. La coincidencia de la fecha con el *Mawlid,* la fiesta musulmana que conmemora el nacimiento del profeta Mahoma, llevó a sus fundadores a bautizarlo como Mouloudia Club de Argel (MCA), una denominación que reforzaba su adscripción religiosa y su oposición a los clubes coloniales.

El flamante Mouloudia de Argel se convirtió muy pronto en algo más que un equipo de fútbol: pasó a ser un símbolo del nacionalismo argelino. La elección de una equipación roja y verde era también una declaración de principios. El verde pretendía representar la religión musulmana y la esperanza de libertad del pueblo argelino; el rojo, el amor y el sacrificio por la nación. Ambos colores, que junto con el blanco formarían después la bandera argelina, reforzaron la pertenencia del Mouloudia al imaginario nacionalista.

La creación del MCA desencadenó un amplio movimiento deportivo de clara connotación política. El nacimiento del Mouloudia argelino fue el pistoletazo de salida que estimuló la fundación de múltiples clubes musulmanes que desafiaron la hegemonía colonial.

De todos ellos, el Mouloudia fue el que congregó mayores simpatías entre la población, lo que despertó recelos en el seno del poder colonial. Aunque no podía competir en las categorías superiores del fútbol argelino a causa de la segregación impuesta, el MCA y los demás clubes musulmanes se convirtieron en una amenaza para la administración francesa, que los veía como instrumentos al servicio de un nacionalismo que cuestionaba su autoridad.

Los partidos que enfrentaban a los distintos equipos musulmanes del país, y que a menudo se transformaban en auténticos actos de afirmación patriótica, se desarrollaban en un clima de respeto y deportividad que poco tenía que ver con los encuentros entre equipos argelinos y clubes coloniales, los cuales acababan con frecuencia en batallas campales que trascendían el ámbito deportivo.

Ante esta situación, las autoridades francesas, con el gobernador general Pierre Bordes al frente, impulsaron en 1928 una nueva normativa que obligaba a todos los equipos argelinos a contar con un mínimo de tres jugadores europeos en sus filas, cifra que pretendían ampliar hasta cinco en los años siguientes. La medida buscaba reducir la popularidad de los clubes musulmanes y su vinculación con el movimiento nacionalista.

A pesar de su empeño, las autoridades francesas no lograron su propósito: los equipos musulmanes, con el MCA al frente, vivieron una progresión fulgurante. En 1936, el Mouloudia de Argel consiguió por primera vez el acceso a la división de honor argelina y, tres años después, durante la denominada «temporada de la guerra» —por el estallido de la Segunda Guerra Mundial—, se proclamó campeón de la Liga de Argel, un hito que fue ampliamente celebrado en las calles de la capital. El éxito se repitió en 1945, desatando de nuevo el entusiasmo de una población que se refugiaba en el fútbol para expresar sus sentimientos nacionalistas.

Ese mismo año, fruto de la represión francesa contra las manifestaciones del 8 de mayo —coincidiendo con el final de la Segunda Guerra Mundial—, que provocaron decenas de miles de muertos entre la población argelina, casi todos los jugadores musulmanes que militaban en clubes coloniales abandonaron sus filas para sumarse a los equipos que, como el Mouloudia, compartían sus creencias religiosas. Esta circunstancia reforzó el carácter que el Mouloudia había adquirido entre los años veinte y cuarenta, consolidándolo como símbolo de la lucha por la liberación nacional. El grito de «¡Viva el Mouloudia!» se entonaba con fuerza y orgullo en actos políticos y manifestaciones.

En 1956, en plena guerra por la independencia, el Mouloudia y el resto de clubes musulmanes, siguiendo las órdenes del FLN, decidieron retirarse de las competiciones organizadas por la administración colonial y paralizaron su actividad hasta que, en julio de 1962, el pueblo argelino consiguió la emancipación.

En buena parte, la decisión estuvo motivada por los incidentes que se produjeron en un partido disputado el 11 de marzo de 1956 entre el club colonial francés AS Sainte Eugène y el propio Mouloudia. El encuentro terminó con graves altercados tras anotar el MCA el gol del empate, lo que desencadenó duros ataques contra sus aficionados. Los hechos derivaron en disturbios en varios puntos del país y provocaron una feroz represión, motivada por la asociación que hacían las autoridades entre los hinchas del Mouloudia y las posiciones del FLN.

En los años posteriores a la independencia argelina, el MCA tuvo un papel discreto en las nuevas competiciones nacionales. El club no recuperó su grandeza hasta la década de los setenta, cuando el país ya estaba presidido por Houari Boumédiène, antiguo comandante del Ejército de Liberación Nacional y, según se decía, ferviente seguidor del Mouloudia. En ese contexto, el equipo ganó su primera Liga argelina y se impuso en cinco de los campeonatos que se celebraron durante ese decenio.

Esta época dorada del Mouloudia, en la que también conquistó tres Copas nacionales, tuvo su punto álgido en 1976, cuando se convirtió en el primer conjunto argelino en alzarse con la Copa de África de clubes. Semejante victoria volvió a convertir al MCA en motivo de orgullo para un país que, bajo el liderazgo de Boumédiène, era considerado el faro del tercer mundo. Curiosamente, esta etapa de gloria coincidió con la de mayor proyección internacional de la nueva Argelia libre, que emergía ante el mundo como la meca de los revolucionarios.

Sin embargo, esto no salvó al triunfador equipo del impacto que tuvo la reforma del deporte argelino impulsada por el Gobierno en 1978, que asoció a los principales clubes con importantes empresas estatales. El histórico Mouloudia Club de Argel pasó a denominarse Mouloudia de los Petroleros de Argel, denominación que desapareció a finales de los años ochenta, cuando el club recuperó su nombre original.

Hoy en día, el Mouloudia sigue siendo el equipo que más simpatías despierta entre la población argelina. Su larga historia, asociada al combate contra el colonialismo y a los años dorados de la Argelia libre y socialista, es motivo de orgullo para unos aficionados que, por su masiva presencia en todo el país, son conocidos con el despectivo apodo de «los chinos» entre los hinchas rivales.

Nadie olvida, en todo caso, el papel que el club desempeñó en la lucha por la libertad del país, circunstancia por la que buena parte de los argelinos le tiene reservado un lugar en su corazón: recuerdan a ese equipo que, en los tiempos más difíciles del colonialismo francés, enarboló con firmeza los colores rojo y verde, los mismos que hoy adornan la bandera de la Argelia independiente.

Patria y corona: las raíces del fútbol marroquí

El fútbol también llegó a Marruecos durante el periodo colonial. En esa época, el actual reino alauí era un protectorado francés, si exceptuamos la dominación que España ejercía sobre una parte de su territorio. El deporte marroquí estaba, en consecuencia, bajo el control del Servicio de Juventud y Deportes de la administración colonial gala.

El colonialismo francés impuso en Marruecos, como en otros territorios, una política que obligaba a los clubes locales a contar con una presencia mínima de jugadores europeos. Esta legislación, vigente hasta el reconocimiento de la independencia, partía del presupuesto de que los marroquíes no eran ciudadanos de pleno derecho, lo cual no impidió que la selección francesa incorporara a varios futbolistas originarios del país norteafricano: fue el caso de Larbi Ben Barek, la «perla negra» que triunfó en el Atlético de Madrid a finales de los años cuarenta y comienzos de los cincuenta, o de los menos conocidos Ibrahim Totoune y Abderrahmane Bel Mahjoub, que vistieron la elástica del combinado galo hasta poco antes de la independencia de su país natal.

Durante el periodo colonial, Marruecos vio nacer en sus principales ciudades grandes clubes de fútbol que continuaron su actividad una vez terminada la dominación francesa. Entre ellos destacan los dos principales conjuntos de Casablanca, la ciudad más poblada y económicamente más importante del país, pese a no ser la capital oficial.

Uno es el Raja Club Athletic, creado en 1949 por un grupo de sindicalistas y militantes nacionalistas marroquíes del barrio de Derb Sultan, un distrito popular de Casablanca conocido por ser la cuna de la resistencia frente al colonialismo. Sus fundadores lograron que se convirtiera en uno de los clubes más queridos del país, en buena parte gracias a la dimensión popular y nacionalista que tuvo desde sus orígenes. La elección del nombre de Raja, que era el de la hija de uno de sus creadores, optaba por una denominación femenina y en lengua árabe, lo cual reforzaba el aspecto identitario.

En 1937, varios años antes del nacimiento del Raja, había aparecido en Casablanca otro club con un importante componente anticolonial: el Wydad Athletic Club, surgido tras una protesta en la que los ciudadanos árabes reclamaron el derecho a utilizar las piscinas junto al puerto de la ciudad, cuyo acceso estaba reservado a los miembros de los clubes deportivos franceses.

Tras la avalancha de reclamaciones de los ciudadanos marroquíes, las autoridades francesas accedieron a que pudieran contar con un club propio. Así nació el Wydad, que desde su creación contó con el apoyo del entorno del sultán Mohamed Ben Yusef, quien, con la independencia de Marruecos en 1957, se convertiría en el rey Mohamed V.

El flamante Wydad Athletic Club (WAC), con un nombre inequívocamente árabe, se convirtió en el estandarte deportivo de la burguesía local y del nacionalismo conservador marroquí, lo que con el tiempo le generaría una fuerte rivalidad con el Raja, un club opuesto en términos sociales y de clase, aunque ambos compartieran el espíritu anticolonial.

El WAC, conocido también como «el club de la Resistencia», «el orgullo de la Nación» o «el Decano», alcanzó rápidamente una notable popularidad gracias a sus victorias ante los clubes coloniales franceses, gestas que supusieron un gran impulso para el movimiento que reivindicaba la independencia del país.

En marzo de 1956, Francia reconoció la independencia del Reino de Marruecos. La libertad se consolidó en abril de ese mismo año con el reconocimiento por parte de España de la soberanía de los territorios que hasta entonces controlaba, y en julio con la extinción del protectorado internacional que gobernaba la ciudad de Tánger. Marruecos se convirtió en un Estado independiente encabezado por Mohamed V, cuyo régimen monárquico tuvo su reflejo en la nueva organización del fútbol nacional.

Tras la independencia se oficializó la Real Federación Marroquí de Fútbol (FRMF), que relevó a la Liga de Marruecos de Fútbol Asociación (LMFA), órgano rector durante la dominación francesa. Como primera medida, la FRMF organizó la Copa de la Independencia, celebrada ese mismo año 1956, de la que resultó campeón el Wydad de Casablanca, que añadía así a su leyenda anticolonial el título de primer equipo en ganar un trofeo en la Marruecos libre.

La FRMF también sentó las bases de la nueva selección nacional. El debut del combinado marroquí como Estado independiente llegó en octubre de 1957, con la participación en los Juegos Panarábicos celebrados en Beirut. A esta primera cita internacional le siguió la fase de clasificación para los Juegos Olímpicos de Roma 1960, en la que no lograron la plaza.

Desde su creación, la FRMF solicitó el ingreso en la FIFA. La petición fue aceptada en 1960, lo que permitió a Marruecos disputar la fase de clasificación para el Mundial de Chile 1962. Después de ofrecer una buena imagen en las eliminatorias, cayó finalmente en la repesca ante la selección española en un enfrentamiento cargado de simbolismo.

Esa buena imagen no pudo repetirse de cara a la edición de 1966, porque, igual que el resto de países africanos, Marruecos boicoteó la fase clasificatoria en protesta por la escasa presencia otorgada a su continente, que debía jugarse una sola plaza en la cita mundialista junto a los representantes de Asia y Oceanía. Con todo, el buen fútbol de los marroquíes quedó ratificado en 1970, cuando el país logró el pase para el Mundial de México, un hito en la historia del fútbol árabe, que no tenía representante en la competición desde la participación de Egipto en 1934.

Desde sus orígenes, la FRMF dejó clara su fidelidad al nuevo régimen establecido en el país, y varias de las principales competiciones nacionales fueron bautizadas en honor de la dinastía alauí: es el caso de la Copa del Trono, que pretendía enaltecer al rey Mohamed V, y de la Copa de la Juventud, dedicada entonces a la figura del príncipe Hasán, cuya disputa coincidía con el cumpleaños del heredero.

Los clubes marroquíes alcanzaron tras la independencia un nivel competitivo notable, que les permitió cosechar varios éxitos continentales. Los hitos más importantes, sin embargo, los consiguió la selección nacional: al margen de la clasificación para el Mundial de 1970, en 1976 ganó por primera vez la Copa Africana de Naciones y en 1986 volvió a clasificarse para el Mundial; en esta edición, se convirtió en el primer combinado africano en superar la primera ronda del torneo.

El mayor éxito deportivo del país llegaría en 2022, cuando la selección marroquí, tras llegar hasta semifinales, se alzó con el cuarto puesto en el Mundial de Catar y fue la gran revelación. Lo hizo con un combinado que, eso sí, tenía notables diferencias con los que había presentado en las primeras décadas posteriores a la independencia, pues estaba formado en su mayoría por jóvenes jugadores nacidos en Europa como consecuencia de los flujos migratorios hacia el Viejo Continente.

Los logros deportivos del fútbol marroquí han sido cuidadosamente instrumentalizados por una monarquía que gobierna el país con mano de hierro. Desde la independencia, las injerencias políticas en el ámbito deportivo han sido una constante.

Durante el reinado de Hasán II, la federación impulsó la creación de la Copa Hasán II, una competición internacional organizada bajo el auspicio de la corona alauí. Se celebraron tres ediciones, entre 1996 y 2000, con el objetivo de proyectar una imagen positiva del país a través del deporte, factor esencial en el *soft power* de nuestro tiempo.

En esta línea se inscribe la existencia del FAR, el club de las Fuerzas Armadas Reales, radicado en Rabat, que representa como pocos la instrumentalización política del fútbol nacional, vigente hoy bajo el reinado de Mohamed VI. Otro ejemplo elocuente es el club Jeunesse Sportive Masira, de El

Aaiún, la capital del Sáhara Occidental —denominado por el régimen como «las provincias del sur»—, un equipo formado exclusivamente por jugadores marroquíes cuya principal finalidad es demostrar la pretendida «marroquinidad» del Sáhara y su plena integración en el Reino de Marruecos.

Del colonialismo a Ben Ali: las implicaciones políticas del fútbol tunecino

Igual que en Argelia y Marruecos, el fútbol empezó a practicarse en Túnez poco después del inicio de la presencia colonial. Los primeros clubes del país nacieron a comienzos del siglo XX impulsados por colonos europeos, en esta ocasión franceses e italianos. No fue hasta 1921 cuando se creó la Liga de Fútbol de Túnez, un organismo dependiente de la federación francesa; sus dirigentes eran colonos, y hubo de pasar mucho tiempo desde su creación hasta que un nativo tunecino ocupara un cargo de responsabilidad en su seno.

Esta situación de segregación llevó al nacionalismo tunecino —liderado desde 1920 por el partido Destour y, a partir de 1934, por el más radical Neo Destour— a impulsar en 1946 la creación de la Unión de las Sociedades Musulmanas, que agrupaba a los clubes integrados por nativos tunecinos con el fin de constituir una estructura deportiva independiente de las entidades controladas por la administración colonial. Las autoridades rechazaron su legalización por considerarla una amenaza a la soberanía francesa, pero se vieron forzadas, poco después, a aceptar la paridad en la representación de colonos y nativos en la dirección de la Liga de Túnez.

Para los tunecinos, el fútbol fue una de las primeras herramientas para afirmar su identidad nacional y su afán de liberación. Uno de los clubes decanos del país, el Esperanza Deportiva de Túnez (EST), fundado en 1919 en el Café de l'Espérance de la capital, se convirtió en el equipo de referencia para los nacionalistas. Tanto fue así que el movimiento de liberación tunecino —liderado por Habib Burguiba, principal dirigente del Neo Destour— se sirvió de él para difundir su doctrina política.

El EST sentó un precedente al que se sumaron otras entidades deportivas: el Club Africano, creado también en la capital en 1919 con el nombre de Club Islámico Africano —denominación que las autoridades coloniales obligaron a cambiar—, y el Estrella Deportiva del Sahel (ESS), fundado en 1925 en la localidad costera de Susa.

Durante los años cuarenta y cincuenta, las autoridades coloniales impulsaron la creación de una selección tunecina que se enfrentó en varios amistosos a combinados franceses o extranjeros. El objetivo no era dotarla de carácter oficial ni canalizar los anhelos de emancipación del pueblo tunecino, sino precisamente lo contrario: evitar que el fútbol sirviera como instrumento de lucha anticolonial. El Esperanza siguió siendo, por ello, el principal referente popular del fútbol nacional, mientras la federación francesa se llevaba a sus mejores futbolistas para el combinado galo sin promover, más allá de lo folclórico, a la selección tunecina.

El fin del protectorado francés y la proclamación de la independencia de Túnez, el 20 de marzo de 1956, tuvieron importantes consecuencias para el fútbol nacional. Al igual que sus vecinos marroquíes, los dirigentes tunecinos impulsaron la constitución de una nueva federación que, fundada en 1957, se integró en la FIFA en 1960.

El final del colonialismo no significó, sin embargo, que el fútbol dejara de tener implicaciones políticas en un país que, tras una efímera etapa como reino independiente, se convirtió en república en julio de 1957 con Habib Burguiba como presidente. El Esperanza se transformó en un instrumento de legitimación del nuevo poder: muchos de sus presidentes durante el largo mandato de Burguiba, que se extendió desde 1957 hasta 1987, acabaron convirtiéndose en ministros o altos cargos del Estado.

Con el ascenso a la presidencia de Zine El Abidine Ben Ali en 1987, la situación del fútbol tunecino no cambió sustancialmente. Las tímidas tentativas aperturistas del régimen, más simbólicas que reales, llevaron a varios intelectuales a describir el país como una «dulce dictadura». Como habían hecho otros regímenes totalitarios, el de Ben Ali buscó legitimarse a través del deporte, en especial del fútbol, e instrumentalizó logros como las sucesivas clasificaciones de la selección para los Mundiales o la histórica victoria en la Copa Africana de Naciones de 2004, de la que el país había sido anfitrión.

La cercanía del Esperanza con el poder siguió intacta: entre 1989 y 2004 lo presidió un yerno de Ben Ali, Slim Chiboub. Esta circunstancia certificaba que el autoritarismo político y la corrupción se habían instalado en el fútbol igual que en casi todos los ámbitos de la sociedad. El club que había sido instrumento de combate por la libertad se había convertido en un juguete en manos del poder.

Sea como fuere, incluso antes del estallido de la revolución de enero de 2011 que acabó con la «dulce dictadura» de Ben Ali, el fútbol supuso uno de los pocos espacios en que la juventud tunecina podía expresar su disconformidad con el régimen, a menudo a través de la violencia. Fue una válvula de escape más o menos tolerada que, sin embargo, no impidió que sucediera lo que resultaría ser uno de los momentos álgidos de las llamadas Primaveras Árabes.

El Congo belga: cuando el fútbol expresa la frustración de los colonizados

Aunque todas las colonizaciones implicaron grandes tragedias humanas para los territorios que las padecieron, algunas fueron especialmente feroces. Ese fue el caso del Congo belga. A diferencia de otras colonias, este territorio no fue integrado al Estado belga en el momento de la conquista, sino que pasó a ser propiedad personal del rey Leopoldo II. Megalómano como era, el monarca decidió que la capital congoleña adoptara su nombre: Leopoldo II bautizó la capital con el nombre de Léopoldville. Un ejemplo elocuente de cómo el rey concebía el llamado Estado Libre del Congo, que en la práctica funcionaba como su cortijo privado. Poco antes de morir, y tras controlar el territorio durante veintitrés años, transfirió la propiedad al Estado belga. El cambio de titularidad no trajo ninguna transformación para la colonia durante el reinado de Leopoldo III y el de su sucesor, Balduino.

El fútbol se había erigido, mientras tanto, en el principal deporte del país; su enorme popularidad propició que, en 1952, se inaugurase en Léopoldville un nuevo estadio con capacidad para setenta mil espectadores. El recinto fue bautizado con el nombre del rey Balduino y estaba destinado a acoger el campeonato local, pero también albergaba partidos de exhibición en los que los equipos de mayor renombre de la metrópoli —como el Anderlecht, el Standard de Lieja o el Beerschot— se medían a combinados congoleños formados por colonos y colonizados o, las menos de las veces, exclusivamente por nativos africanos.

Para la población congoleña, estas citas representaban un enfrentamiento con la potencia colonial y, por tanto, una oportunidad de derrotarla. El estadio Rey Balduino se convirtió así en un espacio preferente para la expresión de las frustraciones y los anhelos de los colonizados. En junio de 1953, el Beerschot de Amberes ganó por la mínima (4-5) a una selección congoleña formada por colonos europeos y nativos africanos. La gran paradoja —y la gran vergüenza— de ese encuentro radica en que, a causa de la segregación racial que imponía el régimen, los integrantes del combinado local tuvieron que cambiarse en vestuarios distintos.

Tras las visitas del Anderlecht y del Standard de Lieja, el gran momento del fútbol congoleño llegó el 16 de junio de 1957. Ese día, una selección del Congo belga formada exclusivamente por jugadores nativos africanos se enfrentó al Royale Union Saint-Gilloise, uno de los equipos de mayor tradición del fútbol belga, procedente de la región de Bruselas. Los metropolitanos ganaron por 2-4, pero las decisiones arbitrales desataron la ira del público africano y, al terminar el encuentro, miles de congoleños atacaron a los colonos europeos que habían asistido al partido y dañaron sus vehículos.

La prensa colonial tachó a los aficionados africanos de «chovinistas congoleños» y los acusó de conducta «racista antiblanca», pero lo cierto es que lo ocurrido en el estadio Rey Balduino en junio de 1957 constituyó uno de los primeros pasos hacia la revuelta de 1959 que conduciría a la independencia, proclamada en junio de 1960. El nuevo Congo libre, convertido de 1971 a 1997 en República del Zaire, fue el primer país del África subsahariana en clasificarse para la fase final de un Mundial, en 1974. El entonces presidente, conocido con el nombre de Mobutu Sese Seko Nkuku Ngbendu wa Za Banga —que podría traducirse aproximadamente como «El guerrero todopoderoso que, por su resistencia e inflexible voluntad de vencer, va de conquista en conquista dejando a su paso un rastro de fuego que es fruto de la sangre y de las cenizas de sus enemigos, como el sol vence a la noche»—, pretendió que su selección se erigiera en la representante de toda África negra.

Con ese afán, el propio Mobutu participó en el diseño de la camiseta de los «Leopardos» del Zaire para la Copa del Mundo, una elástica que con el tiempo se ha convertido en mítica. Pese a la ilusión que despertaba, la participación zaireña en Alemania Federal fue un auténtico desastre. Después de perder contra Escocia por 2-0, la selección africana fue humillada por Yugoslavia, que le infligió un doloroso 9-0.

El presidente, profundamente disgustado, advirtió a los jugadores zaireños antes del tercer y último partido, que debían disputar ante Brasil: «¡Perded por más de tres goles y no volveréis a ver nunca más a vuestras familias!». Finalmente, Zaire fue derrotado por la *canarinha* por 3-0, un resultado que no evitó el castigo de Mobutu a los futbolistas, quienes, eso sí, pudieron volver a reunirse con sus familiares.

El caso del Congo belga pone de manifiesto una de las principales tragedias de los países colonizados una vez conseguida la liberación: que estas nuevas naciones independientes estuvieron a menudo lideradas por déspotas y tiranos que ponían su ambición por delante de las necesidades de los pueblos a los que decían representar.

Divide y vencerás

Una de las estrategias más habituales de los colonizadores en África fue aprovechar la gran diversidad étnica y cultural para sembrar la discordia entre los distintos grupos de población y evitar que se unieran para combatir al enemigo exterior.

El desarrollo del fútbol en el Camerún colonial es uno de los ejemplos más elocuentes de esta estrategia. Desde el principio, los colonos británicos —que habían asumido el control del norte del país tras la derrota de Alemania en la Primera Guerra Mundial— procuraron impedir cualquier intento de unificación de las tribus nativas en torno a un discurso anticolonial. De ahí que, durante los años cincuenta, se persiguiera la actividad de la Unión de los Pueblos de Camerún (UPC), el principal partido nacionalista del país.

La heterogénea composición de la población camerunesa propició que la estrategia colonial pasara por acentuar esa diversidad y fomentar el enfrentamiento entre comunidades. Así, mientras se perseguía a la UPC y se intentaba frenar el proyecto nacionalista que pretendía unificar los diferentes grupos étnicos, el poder colonial reforzaba las diferencias entre ellos: por ejemplo, promoviendo la etnia beti-pahuin como «élite indígena» bajo la égida del colonizador, mientras mantenía al grueso del proletariado camerunés, formado en su mayoría por integrantes de los grupos étnicos bamileke y basaa, en condiciones de vida sumamente precarias.

Con el objetivo de salvaguardar la división, los colonizadores crearon un campeonato local de fútbol integrado por equipos que representaban a los distintos grupos étnicos. Así nació la Unión Bamileke, un club muy popular que agrupaba a los bamileke de Duala, donde la etnia mayoritaria —la que daba nombre a la ciudad— seguía las andanzas del Caïman, club afincado en el distrito de Akwa. La estrategia de los colonos era clara: bautizar a los clubes de fútbol con denominaciones tribales para dividir a la población y someterla con mayor facilidad, evitando que los estadios se convirtieran en focos de expresión anticolonial.

Sobre esta base se empezó a construir el fútbol del Camerún independiente. La plena soberanía llegó en 1960 a la parte francesa y, un año después, a la zona bajo dominio británico.

Al igual que había sucedido en el caso argelino, los colonizadores legaron a los nativos la pasión por el fútbol, así como una estructura logística que les permitió contar con un campeonato de liga y un torneo de copa propios desde la independencia. Con todo, a pesar de la voluntad de dividir a los indígenas, los colonos no consiguieron evitar las revueltas populares que abrirían el camino hacia la emancipación del país.

Esta estrategia de división era ampliamente utilizada por el Imperio británico en los territorios que colonizaba. Si bien Camerún había sido en su origen una colonia alemana, tras la Primera Guerra Mundial quedó bajo el mandato de la Sociedad de Naciones y, en la práctica, dividido entre británicos y franceses, lo que acentuó aún más las diferencias internas. Una situación similar se vivió en Kenia, donde el fútbol estaba organizado según criterios étnicos y existían ligas regionales disputadas por blancos, negros o indios.

Fieles al proverbial «divide y vencerás», los británicos siguieron los mismos pasos en Nigeria, donde la coyuntura era particularmente propicia al tratarse de un país con una importante fractura interna entre la población musulmana, mayoritaria en el norte, y la cristiana, predominante en el sur. Pese a ello, el fútbol también sirvió como altavoz del nacionalismo nigeriano para reivindicar la unificación y la liberación del país. De hecho, el Zik Athletic Club, conocido también por las siglas ZAC, se consagró como el equipo de referencia de la población nativa y congregó las simpatías de aficionados tanto musulmanes como cristianos.

El popular ZAC nació bajo el auspicio de Nnamdi Azikiwe, un hombre de negocios conocido con el sobrenombre de «Zik», que sirvió a la postre para bautizar al club. La fuerte personalidad de su promotor, doctorado en Ciencias Políticas en Estados Unidos, ayudó a la expansión de la entidad.

Una de las primeras actividades del ZAC fue una gira por el territorio nigeriano con el objetivo de cohesionar a la población y superar así la fractura religiosa entre el norte y el sur del país.

Azikiwe, consciente del potencial cohesionador del fútbol, acostumbraba a dirigirse al público al finalizar los partidos del ZAC, convirtiendo cada acontecimiento deportivo en un mitin político desde el cual criticaba con dureza el colonialismo británico, solicitaba reformas democráticas y reivindicaba la autodeterminación africana.

En 1944, aprovechando la popularidad que le había dado ser presidente del club, Azikiwe dio el salto a la política y fundó el primer partido nacionalista nigeriano, el Consejo Nacional de Nigeria y Camerún (NCNC). Desde entonces, el fútbol ocupó un lugar central en el proyecto de cohesión nacional y ganó adeptos entre los musulmanes del norte, hasta entonces más proclives a otros deportes importados por el colonialismo británico como el cricket, el hockey sobre hierba o el polo.

En los años cincuenta, en plena efervescencia nacionalista, nació la Federación de Fútbol de Nigeria, que, si bien en un primer momento seguía asociada a la federación inglesa, se ocupaba de organizar todas las competiciones ubicadas en territorio nigeriano.

En octubre de 1960, cuando el país obtuvo la independencia, una de las principales actividades para festejar la descolonización fue la celebración de varios partidos de fútbol por todo el territorio. Consumada la plena soberanía, Nnamdi Azikiwe se convirtió en gobernador general del país, cargo desde el que pasó a la presidencia.

Contrariamente al caso de Camerún, Nigeria se reveló como el principal ejemplo de que la estrategia de división impulsada por los colonos no siempre llegaba a buen puerto, y de que el deporte podía convertirse en un elemento de cohesión nacional al servicio de la libertad y el entendimiento.

La Pantera Negra, el orgullo del fútbol africano

A diferencia de las colonias africanas británicas, que consiguieron la independencia durante los años cincuenta, o de las francesas, que hicieron lo propio durante los sesenta, las posesiones portuguesas no lograron su libertad hasta la década de los setenta, tras el triunfo de la Revolución de los Claveles y el fin de la dictadura del *Estado Novo,* una de las más longevas de Europa.

Mientras buena parte del continente africano ya competía a nivel internacional representando a los nuevos Estados independientes, Angola y Mozambique eran aún parte de Portugal y, por tanto, sus mejores jugadores seguían nutriendo las filas de la selección lusa y de los principales clubes de la metrópoli.

A diferencia de la segregación que prevalecía en otros territorios colonizados de África, en Angola y Mozambique el mestizaje estaba extendido e incluso había dado pie al nacimiento de una pequeña burguesía local formada por comerciantes y funcionarios. De este grupo social mestizo, que había desarrollado una gran afición por el fútbol desde las primeras décadas del siglo xx, surgieron algunas de las grandes estrellas del fútbol portugués, especialmente a partir de los años cincuenta.

El cruce de etnias iba asociado a la doctrina que el dictador António de Oliveira Salazar había impulsado a partir de 1951, cuando decretó que Portugal era una potencia «afroeuropea» y convirtió las colonias de Angola, Santo Tomé y Príncipe, Cabo Verde, Guinea Bissau y Mozambique en provincias de ultramar. La estrategia de Salazar consistía en negar la existencia de un imperio colonial portugués para poder ingresar en la ONU, objetivo que consiguió en diciembre de 1955. En el marco de esta nueva política, numerosos futbolistas africanos llegaron a los clubes lusos y no pocos terminaron convirtiéndose en grandes figuras; pero si hay que destacar a uno por encima de todos, ese es Eusébio da Silva Ferreira.

Nacido en 1942 en Maputo, actual capital mozambiqueña que por aquel entonces era conocida con el nombre colonial de Lourenço Marques, Eusébio se hizo pronto un nombre en el fútbol local en las filas del Sporting Clube de Lourenço Marques, filial mozambiqueño del histórico club verdiblanco de Lisboa. Con solo dieciocho años, un emisario del Benfica, el eterno rival del Sporting, lo captó para la metrópoli y, tras una encendida disputa con los representantes sportinguistas, consiguió que la joven estrella firmara su primer contrato con el club del Estádio da Luz.

Una vez instalado en Lisboa, su carrera experimentó una progresión meteórica. En el día de su debut con las águilas, en un partido amistoso contra el Atlético Clube de Portugal, Eusébio marcó tres goles. No tardó en convertirse en la referencia del gran Benfica de los años sesenta y también de la selección lusa. Aunque no llegó a tiempo para disputar la Copa de Europa que el Benfica ganó en 1961 imponiéndose al Barcelona, Eusébio tuvo un papel destacado en la siguiente edición del torneo, ayudando a su equipo a revalidar el título. En esta ocasión el rival fue el Real Madrid de Di Stéfano, al que doblegaron por un espectacular 5-3 en una final celebrada en Ámsterdam en la que el mozambiqueño anotó dos de los goles.

La dictadura de Salazar utilizó los éxitos del Benfica para maquillar la imagen del régimen y fomentar la idea de Portugal como nación «afroeuropea». La presencia de un jugador como Eusébio era de gran ayuda para este discurso. Consciente de la importancia del mozambiqueño para el fútbol nacional, Salazar le negó en repetidas ocasiones la posibilidad de fichar por clubes extranjeros, donde tenía un excelente cartel, forzándolo a pasar quince años, casi toda su carrera, en Portugal. Eusébio solo abandonó el Benfica tras la caída de la dictadura, cuando inició una aventura americana que lo llevó a jugar en distintos equipos de Estados Unidos, México y Canadá.

Eusébio, uno de los grandes iconos de Portugal —quizá el más grande junto a la fadista Amália Rodrigues—, vio desde Lisboa cómo el fervor nacionalista crecía exponencialmente en las colonias durante los años sesenta. En su tierra natal, el responsable de este crecimiento fue el Frente de Liberación de Mozambique (FRELIMO), que se había lanzado a la lucha armada siguiendo los pasos de los movimientos nacionalistas de Guinea Bissau y Angola. Esta circunstancia llevó a Salazar a mantenerse firme en su negativa de dejar salir a su gran estrella, a quien ni siquiera se le mejoró la ficha, ya que el dictador consideraba que el país lo había sacado de la miseria en que vivía en Lourenço Marques.

Mozambique y el resto de las colonias portuguesas, profundamente identificadas con Eusébio, vivieron con gran pasión los éxitos de su compatriota. El futbolista es un ídolo nacional en Mozambique pese a que nunca llegó a vestir la camiseta de los «Mambas». Si bien es cierto que Eusébio no se manifestó públicamente en favor de la independencia de su tierra natal mientras fue jugador, como tampoco lo hizo su compañero angoleño Joaquim Santana, la dictadura siempre los miró con recelo, como lo demuestran la detención de Santana a manos de la PIDE, la temida policía política del régimen, o la mencionada prohibición a Eusébio de fichar por equipos extranjeros.

El miedo a hablar sin ataduras, que no evitó que algunos jugadores financiaran a escondidas los movimientos de liberación de sus territorios de origen, se desvaneció con la independencia de las colonias; en el caso mozambiqueño, cuando Mário Coluna, compañero de Eusébio en aquel gran Benfica, fue elegido diputado por el Frente de Liberación de Mozambique.

Una notable excepción en el fútbol luso a la hora de posicionarse contra el régimen colonial fue Daniel Chipenda, un joven de origen angoleño que llegó a la metrópoli para estudiar Geología en la Universidad de Coímbra y empezó a jugar al fútbol para ayudar a mantener a su familia. Chipenda vistió la camiseta del Académica de Coímbra y la del Benfica, con quien se proclamó campeón de Liga en la temporada 1956/57. Con todo, su prioridad siempre fue la lucha por la independencia de su Angola natal, lo que lo llevó a fundar las Juventudes del Movimiento Popular para la Liberación de Angola (MPLA). El joven Daniel compaginaba la militancia con la práctica del fútbol de élite; fruto de su actividad política, el 21 de junio de 1961 fue arrestado y encarcelado, poniendo fin a su carrera. Una vez liberado, en septiembre de 1962, huyó de Portugal con destino a Angola y allí se alistó en las filas del Ejército Popular para la Liberación, la rama militar del MPLA, donde tuvo un papel clave en la guerra que terminaría llevando al país a la libertad.

Para evitar que el ejemplo de Chipenda se extendiera, los jugadores portugueses, en especial los de ascendencia africana, iban siempre acompañados por agentes de la PIDE, sobre todo cuando viajaban a países donde existía un movimiento anticolonial significativo. Desde el inicio de la lucha armada en los años sesenta, la práctica del fútbol en estos territorios quedó gravemente perturbada a causa de las guerras de independencia en Mozambique y Angola; la situación se prolongó hasta mediados de los años setenta, cuando ambos países consumaron, al fin, la emancipación. Ante la ausencia de otras manifestaciones deportivas de élite, el orgullo de las colonias portuguesas pasó durante décadas por los éxitos que sus futbolistas cosechaban con los clubes metropolitanos: una demostración de que, más allá del sometimiento, de la explotación y de la colonización salvaje, África también podía aportar grandes figuras al mundo.

Las raíces futbolísticas del panafricanismo

En junio de 1956, el hotel Avenida de Lisboa acogió un singular encuentro al que asistieron representantes de las federaciones futbolísticas de Egipto, Sudán y Sudáfrica. Al margen del congreso de la FIFA que se celebraba en la ciudad portuguesa por aquellas fechas, los integrantes de dichas delegaciones se reunieron por su cuenta para impulsar la creación de la Confederación Africana de Fútbol (CAF), la decana de las organizaciones panafricanas. La cumbre lisboeta fue también la cuna de la Copa Africana de Naciones, cuya primera edición se disputó en Sudán en febrero de 1957 —dos días después de la constitución oficial de la CAF—, en el marco de los festejos por el primer aniversario de la independencia del país.

Antes del inicio del torneo, Jartum, la capital, acogió la primera asamblea de la CAF, en la que el egipcio Abdelaziz Salem fue elegido presidente. Aquella sesión inaugural tenía que haberse celebrado en Egipto, pero lo impidió la crisis de Suez, estallada en octubre de 1956, que obligó a la federación egipcia a centrar sus esfuerzos en recaudar fondos para sufragar los gastos del conflicto que su país libraba contra las fuerzas británicas, francesas e israelíes.

Desde su nacimiento, la CAF asumió como propios los principios del panafricanismo, al agrupar en una misma institución a los países del continente al tiempo que manifestaba su rechazo tanto al colonialismo como a la discriminación racial. Con la incorporación de Etiopía, ya independiente, el recién nacido organismo emprendió la planificación de la primera Copa Africana de Naciones, en la que debían participar Etiopía, Egipto, Sudáfrica y Sudán, el país anfitrión. No hubo, sin embargo, representación sudafricana: cuando la federación nacional comunicó su intención de enviar una selección formada exclusivamente o por jugadores blancos o por jugadores negros —en sintonía con los principios segregacionistas del *apartheid*—, la CAF solicitó que el combinado fuese multirracial. La federación sudafricana se negó y fue excluida del torneo.

El caso suscitó un amplio debate en el seno de la CAF, que, en su siguiente reunión —celebrada en 1958 en Estocolmo, de nuevo coincidiendo con un congreso de la FIFA—, resolvió en primer lugar expulsar a Sudáfrica de la confederación y a continuación presionar a la FIFA para que también la vetara de sus competiciones. Así acabaría por suceder, no sin cierta controversia, en 1964, cuando el organismo aprobó la suspensión temporal de la federación sudafricana, para expulsarla definitivamente en 1976. El fútbol sudafricano no recuperó el derecho a participar en competiciones internacionales hasta el fin del régimen de segregación racial y la creación de una federación unificada, como veremos más adelante.

Pese a las diferencias entre los países árabes y los del África negra —un factor que también amenazaba a los proyectos de unidad política del continente, que recibieron un gran impulso en 1963 con la creación de la Organización para la Unidad Africana (OUA)—, la CAF prosiguió su actividad tomando como base la pasión compartida por el fútbol, su postura favorable al panafricanismo y su firme oposición al colonialismo. A ello se sumó la aceleración del proceso descolonizador, que hizo que numerosas naciones consiguieran la independencia durante los años sesenta y que el número de miembros de la CAF no dejara de crecer.

Los gobiernos africanos más proclives a la idea panafricanista siempre vieron con buenos ojos el papel desarrollado por la CAF. La confederación africana ha mantenido una postura coherente en favor de la unidad del continente, como lo demuestra, entre otras cosas, que el etíope Ydnekatcheou Tessema, uno de sus promotores y presidente de la organización entre 1972 y 1987, impulsara que el trofeo de la Copa Africana de Naciones —diseñado en 1986, cuando Egipto ganó el torneo por tercera vez, obteniendo el galardón en propiedad— llevara el nombre de Copa de la Unidad.

La CAF sirvió también para poner de manifiesto las diferencias entre los países del continente, sobre todo entre el África árabe y el África negra. La posición diplomática de algunos Estados partidarios de la unidad suavizó esas discrepancias, y la pasión por el fútbol y los ideales anticoloniales acabaron por aparcarlas. Puede afirmarse, en definitiva, que la Confederación Africana de Fútbol es una de las raíces del panafricanismo, un proyecto que, con la llegada del siglo XXI, cristalizó en el nacimiento de la Unión Africana. Esta organización sueña hoy, como en su día lo hicieron los promotores de la CAF, con que la unión y la solidaridad se conviertan en el día a día del continente africano.

Los *Black Stars* de Ghana

Otro de los referentes de aquel panafricanismo inicial fue Kwame Nkrumah, primer presidente de la Ghana independiente y gran aficionado al fútbol. Nkrumah impulsó la creación del Partido de la Convención Popular, una organización política nacionalista y de orientación socialista que defendía la plena independencia de Ghana y que en 1949 se escindió de la Convención Unida de la Costa de Oro, que reclamaba la autonomía pero era partidaria de un proceso gradual hacia la soberanía. Nkrumah se erigió así en una de las principales figuras políticas de la Costa de Oro, nombre que recibía la colonia británica establecida en el litoral del golfo de Guinea. En 1951, tras pasar por las cárceles coloniales británicas, accedió al poder para administrar la autonomía que el Reino Unido acababa de conceder al territorio. Como panafricanista convencido, Nkrumah trabajó desde el Gobierno para conseguir la independencia de Ghana, que fue proclamada en 1957.

Durante el periodo colonial británico, el fútbol ghanés estuvo marcado por la fundación de dos clubes: el Hearts of Oak, nacido en 1911 en la ciudad de Accra, y el Asante Kotoko, creado en 1935 en la localidad de Kumasi. Ambas entidades representaban las aspiraciones nacionalistas de los ghaneses, pero mantenían una intensa rivalidad de carácter regional, ya que el primero representaba a los sectores urbanos de la capital mientras que el segundo hacía lo propio con la población rural del norte del país.

Con la independencia, la nueva selección nacional asumió el papel de representante de las ambiciones panafricanistas de Kwame Nkrumah. Ghana había sido uno de los primeros países en afiliarse a la Confederación Africana de Fútbol y fue uno de los pilares del nacimiento de la Organización para la Unidad Africana en 1963.

Fiel a sus ideales, Nkrumah decidió que el sobrenombre de la selección del país fuera el de *Black Stars,* «Estrellas Negras», una denominación inspirada en la compañía naviera Black Star que el dirigente panafricanista caribeño Marcus Garvey había organizado entre 1919 y 1922 para que los ciudadanos afroamericanos y afrocaribeños pudieran llegar al continente del que procedían sus antepasados.

En 1963, año de creación de la OUA, Ghana fue la anfitriona de una Copa Africana de Naciones que resultó ser una auténtica fiesta de reivindicación de la unidad continental. Dicha reivindicación se hizo recurrente en las siguientes ediciones, entre ellas la celebrada en 1982 en la Libia gobernada por Muamar el Gadafi —otro panafricanista convencido—, en cuyo cartel oficial, sobre un mapa del continente, podía leerse la consigna «África para los africanos». En todo caso, la Copa de 1963 fue la primera gran demostración del potencial del fútbol ghanés: los *Black Stars* se proclamaron campeones por primera vez y no dudaron en ofrendar el título al presidente Nkrumah.

La década de los sesenta fue la más gloriosa para el fútbol ghanés y sus *Black Stars,* que en el mismo año en que se proclamaron campeones de África realizaron una gira europea que los llevó a enfrentarse al Real Madrid, en un partido que empataron a tres goles. En 1965, en la Copa de África celebrada en Túnez, los ghaneses repitieron victoria y se consagraron como uno de los pesos pesados del continente.

Los éxitos de los *Black Stars* fueron reivindicados por los panafricanistas como una demostración de las virtudes del continente, convirtiéndolos en un instrumento al servicio de la causa de Nkrumah y en un escaparate del potencial africano más allá del ámbito deportivo.

A nivel interno, Nkrumah potenció el desarrollo del Real Republikans, fundado en Accra tras la independencia. El club, cuyo nombre resultaba un tanto contradictorio —obedecía a la voluntad de emular al Real Madrid mediante la creación de un gran equipo que dominara el fútbol africano—, logró notables éxitos nacionales durante su primera década, pero nunca ganó una competición continental. En 1966, tras el golpe de Estado que expulsó a Kwame Nkrumah del poder, el club fue desmantelado por las nuevas autoridades, que pretendían borrar el legado de su predecesor.

Sáhara Occidental: guerra y fútbol en el desierto

El proyecto de unidad africana ha tenido numerosos puntos de fricción a lo largo de la historia que han cuestionado su integridad. Uno de ellos es el conflicto sobre la soberanía del Sáhara Occidental, antigua colonia española hasta 1975, entre Marruecos y el independentismo saharaui.

Como expresión de este movimiento, en mayo de 1973 nació, en el corazón del Sáhara Occidental, el Frente Popular por la Liberación de Saguía el Hamra y Río de Oro, más conocido como Frente Polisario, que pretendía poner fin a la presencia colonial española y conseguir la liberación nacional del Sáhara mediante la lucha armada.

La dejadez del Estado español, que abandonó la región en 1975, facilitó que su retirada fuera seguida por la ocupación marroquí a través de la Marcha Verde de noviembre de ese mismo año, acompañada de una incursión mauritana en el sur del territorio. Este hecho imposibilitó el ejercicio del derecho a la autodeterminación que reclamaba el pueblo saharaui. En su lugar, el Frente Polisario proclamó la independencia en febrero de 1976 y creó un nuevo Estado africano, la República Árabe Saharaui Democrática (RASD), asentada en los territorios que había conseguido liberar y en los campos de refugiados saharauis en Argelia.

Desde entonces, la lucha entre el Frente Polisario y el ejército marroquí por el control de la antigua colonia española ha sido una constante, acentuada a partir de 1979, cuando Mauritania optó por retirarse del sur del territorio, que fue inmediatamente ocupado por las tropas marroquíes.

Este combate tenía también una vertiente diplomática donde los saharauis consiguieron más logros que en el campo de batalla. En 1982, la Organización para la Unidad Africana admitió oficialmente a la RASD en su seno, un logro diplomático que fue el preludio de un proceso destinado a culminar en un referéndum de autodeterminación que el Sáhara Occidental debía efectuar en 1992.

La realidad, sin embargo, ha distado mucho de lo que aquel acuerdo preveía. Los saharauis no solo no han podido ejercer su derecho a la autodeterminación, sino que han visto cómo la dominación marroquí se ha afianzado y cuenta con crecientes apoyos internacionales. Las autoridades del Reino de Marruecos se han esforzado en legitimar su presencia en el Sáhara Occidental, al que han bautizado como «las provincias del Sur».

El fútbol, tal y como acostumbra a suceder en escenarios de conflicto, no ha sido ajeno a la lucha por la soberanía del Sáhara, y tanto el Reino de Marruecos como la RASD han intentado usar su popularidad y su dimensión simbólica para legitimar sus posiciones.

Con el objetivo de colonizar el Sáhara Occidental, Marruecos repobló el territorio con ciudadanos procedentes del norte del país y trasladó a un club de fútbol profesional hasta la zona, que hasta entonces no contaba con ningún equipo de primera línea. Las autoridades del reino alauí desplazaron a los integrantes de un conjunto militar establecido en Benslimane, en la región de Casablanca, hasta El Aaiún, la capital del Sáhara Occidental, donde el club se fusionó con una entidad local y adoptó el nombre de Jeunesse Sportive El Massira, es decir, Juventud Deportiva La Marcha, nombre que evocaba la Marcha Verde. En 1994, el equipo logró el ascenso a la primera división; en la máxima categoría disfrutó de una larga trayectoria contando con el apoyo de esas mismas autoridades que habían ideado y ejecutado su traslado como parte del proyecto de consolidar la presencia de Marruecos en el Sáhara y arraigar la idea de que este territorio forma parte del imaginario colectivo marroquí.

Conscientes de la importancia diplomática del deporte, los independentistas saharauis impulsaron la creación de una selección nacional de la RASD, nacida en los campos de refugiados establecidos en Tinduf, en el sureste argelino fronterizo con el Sáhara. Esta selección pretendía emular la práctica desarrollada por otras naciones sin Estado que luchaban por su independencia, como Palestina o, anteriormente, Argelia.

Los primeros partidos de lo que sería la selección de la RASD tuvieron lugar en los años ochenta, cuando varios combinados nacidos en los campos de Tinduf y que defendían los colores de la bandera saharaui se enfrentaron a equipos argelinos, evidenciando la complicidad diplomática entre ambos territorios. Más tarde, la República Saharaui, reconocida por la OUA y más tarde por la Unión Africana y por un elevado número de Estados africanos, intentó en varias ocasiones participar en la Copa Africana de Naciones, pero la amenaza marroquí de retirarse de la competición en caso de que la selección saharaui fuese aceptada siempre terminó frustrando el apoyo que le brindaban otros Estados africanos.

La selección de la RASD ha tenido que conformarse con participar en competiciones de carácter no oficial, como las organizadas por la NF-Board, antigua confederación que agrupaba a las federaciones no reconocidas por la FIFA, o por su sucesora, la Confederación de Asociaciones Independientes de Fútbol (CONIFA).

El conflicto del Sáhara ha perseguido a menudo a la selección de Marruecos en el ámbito internacional. Un ejemplo lo encontramos en el año 2000, cuando el combinado alauí disputó dos partidos amistosos contra las selecciones de Andalucía y Euskadi repletos de controversia política. En territorio andaluz, los miembros del cuerpo técnico marroquí ordenaron detener el partido hasta que se retirara una pancarta con el lema «Andalucía con el Frente Polisario», para que no se viera por televisión en Marruecos. En la visita al País Vasco, sin embargo, la delegación marroquí no consiguió evitar las numerosas muestras de solidaridad con el pueblo saharaui que se exhibieron en las gradas de Anoeta.

La triste realidad del pueblo saharaui es que el proceso de autodeterminación aún sigue lejos de convertirse en realidad, mientras la dominación marroquí se consolida con creciente complicidad internacional. El fútbol vuelve a ser aquí una buena metáfora: mientras Marruecos coloniza política y futbolísticamente el territorio saharaui, la RASD se ve forzada a disputar partidos sin reconocimiento internacional y lejos de su tierra.

Reencuentros y revanchas poscoloniales

El colonialismo ha condicionado las relaciones entre los Estados surgidos del proceso de descolonización y sus antiguas metrópolis. Las independencias africanas han abierto el camino a nuevas formas de colonialismo, en especial de carácter económico y comercial, así como a tensos intercambios basados en la conflictiva historia compartida.

El fútbol no ha sido ajeno a esta circunstancia, y los reencuentros entre antiguos colonos y colonizados han estado cargados de tensión y ánimo de revancha. El ejemplo más fehaciente de esta tirantez lo encontramos en los enfrentamientos entre Francia y Argelia, en parte porque el proceso de descolonización del país magrebí surgió de una guerra cruel que cavó una fosa muy profunda entre estos dos países mediterráneos.

El primer reencuentro futbolístico entre ambos países sucedió en 1975, más de una década después de la independencia argelina, con motivo de los Juegos Mediterráneos en Argel. Fueron el primer gran acontecimiento deportivo que acogía la Argelia independiente y el país entero se volcó en su organización.

Uno de los momentos álgidos de aquellos Juegos llegó con la final del torneo de fútbol, que enfrentaría, para mayor morbo, a la selección anfitriona con la francesa. El partido despertó un gran interés, a pesar de que lo disputaban las selecciones olímpicas y no los combinados absolutos. La selección argelina, además, estaba dirigida por Rachid Mekhloufi, uno de los antiguos integrantes del equipo del FLN. Houari Boumédiène, presidente argelino y antiguo comandante del Ejército de Liberación Nacional, le pidió expresamente al entrenador que hiciera todo lo posible para ganar el partido y realzar así el orgullo nacional.

En un encuentro vibrante que no se decidió hasta la prórroga, los argelinos se impusieron por 3-2 en lo que, a ojos del Gobierno y del pueblo, no era sino una poética venganza por el pasado colonial. Durante aquella final, disputada en el estadio 5 de Julio de 1962 —bautizado con la fecha de la independencia del país—, se consolidó el grito que todavía hoy sirve para animar a la selección argelina: *«One, two, three, viva l'Algérie!»*, referencia a los tres goles que los magrebíes le endosaron al combinado galo. Al término del partido, el presidente Boumédiène reconoció sin tapujos que, si la victoria hubiera caído del lado francés, tenía la intención de cortar la señal televisiva para que su pueblo no tuviera que escuchar los compases de *La Marsellesa.*

Después de ese primer precedente entre sus selecciones olímpicas, Argelia y Francia volvieron a verse las caras en los años ochenta en dos partidos entre sus selecciones sub-21. El primero se disputó en 1984 en Saint-Ouen, en territorio francés, y terminó con victoria gala por 3-0; al finalizar el encuentro se registraron varios incidentes protagonizados por aficionados argelinos en las inmediaciones del estadio. El segundo, en 1989, se celebró en Argel y en esta ocasión, a pesar del triunfo francés por 0-1, el público local dispensó una calurosa acogida a la selección de la antigua metrópoli.

El único partido que ha enfrentado a las selecciones absolutas de Francia y Argelia tuvo lugar el 6 de octubre de 2001 en el Stade de France, en Saint-Denis, y desencadenó una tormenta política en territorio galo. Las gradas se llenaron de seguidores argelinos que silbaron ostensiblemente *La Marsellesa* y, en el minuto 74, cuando el marcador reflejaba un inapelable 4-1 a favor de Francia, el partido hubo de suspenderse tras una invasión del terreno de juego protagonizada por los aficionados argelinos.

Estos acontecimientos destaparon la caja de los truenos. Lejos de plantear un debate social sobre por qué un abundante grupo de jóvenes de ascendencia argelina pero ya nacidos en Francia decidía mostrar su oposición a los símbolos del que se suponía que era su país, o sobre el fracaso de la integración y el sentimiento de abandono que sufre la juventud de origen migrante en la República Francesa, los hechos provocaron la ira contra ellos y contra el entonces primer ministro, el socialista Lionel Jospin, que permaneció impasible mientras *La Marsellesa* era masivamente silbada.

Las claves de lo que ocurrió en aquel partido deben buscarse, en cualquier caso, en el fracaso del Estado francés en la integración de esos jóvenes de origen argelino, que demostraron sentirse más identificados con el país de sus padres o de sus abuelos que con el Estado en el que habían nacido y crecido. Varias fuentes apuntan que, si el partido se hubiera disputado en Argel, *La Marsellesa* no habría sido silbada, como parece ratificar la acogida que el pueblo argelino dispensó al presidente Jacques Chirac en su visita de Estado a Argelia en 2003, la primera de un mandatario francés al país tras la independencia.

Algo muy parecido a lo que se vivió en el Stade de France se repitió en otros dos partidos que implicaban un reencuentro entre Francia y sus antiguas colonias: el que enfrentó a la selección gala con Marruecos en 2007 y el que la enfrentó a Túnez en 2008, ambos disputados en el mismo estadio donde los argelinos habían silbado el himno en 2001. En ambas ocasiones, las gradas se llenaron de banderas marroquíes y tunecinas, respectivamente, y *La Marsellesa* volvió a ser silbada por numerosos jóvenes de origen magrebí. Los pitos provocaron de nuevo la indignación de la clase política gala, y el entonces presidente, Nicolas Sarkozy, reaccionó aprobando medidas extremas que contemplaban la suspensión del partido en caso de repetirse una situación similar. Con todo, estos hechos no hacían sino volver a evidenciar el fracaso de la política de integración francesa con las nuevas generaciones de origen norteafricano.

Francia, como consecuencia del dominio que ejerció sobre una parte considerable de África en los siglos XIX y XX, ha sido la gran protagonista de los reencuentros y las revanchas poscoloniales. Quizá la más sonada fue la que se produjo en el partido que inauguró el Mundial de Corea del Sur y Japón.

El 31 de mayo de 2002, Francia, que llegaba como una de las favoritas tras haber conseguido su primera estrella en 1998, cayó por 0-1 ante una irreverente Senegal, que se convirtió en la abanderada del fútbol africano en aquel torneo, donde alcanzaría los cuartos de final. El triunfo senegalés tenía un evidente regusto a revancha, ya que el país había sido colonia francesa hasta 1960, cuando, con Léopold Sédar Senghor a la cabeza, se constituyó como república independiente. En su primera participación mundialista, Senegal derrotó al mismo tiempo a la vigente campeona y a la antigua metrópoli, escribiendo una de las páginas más gloriosas de su historia futbolística. La victoria contra Francia fue celebrada con pasión en todo el país, y a la fiesta se sumó entusiasmado el presidente Abdoulaye Wade, que incluso decretó un día festivo para conmemorar el acontecimiento.

Recogiendo el sentimiento de la población senegalesa y la dimensión política que comportaba ese triunfo, el periódico de Dakar *Wal Fadjri* afirmó en un artículo que «el fútbol, patria de todos los desheredados del planeta, continúa siendo una vitrina esencial para aquellos que no quieren morir en la insignificancia», y definía el deporte como «el rostro humano de la mundialización».

Hasta el icónico Mundial 2002, uno de los principales motivos de orgullo futbolístico en Senegal era haber aportado dos grandes jugadores a la selección gala: Raoul Diagne, primer jugador negro en vestir la camiseta *bleu,* con la que jugó el Mundial de 1938 —e hijo de Blaise Diagne, primer diputado originario del África negra en la Asamblea Nacional francesa—; y Patrick Vieira, nacido en Dakar e integrante del plantel que se proclamó campeón del mundo en 1998. Antes del partido inaugural de Corea-Japón 2002, los éxitos de la selección senegalesa ya se habían convertido en un reclamo político para el presidente Wade. Tras la histórica primera clasificación del país para una fase final mundialista, el mandatario popularizó el eslogan «El Senegal que gana», que fue ampliamente repetido.

En ese mismo Mundial asiático, Nigeria quiso ejecutar su propia revancha ante Inglaterra, la otrora metrópoli. Encarnando el espíritu anticolonial africano, Nwankwo Kanu —por aquel entonces futbolista del Arsenal— afirmó que «para Nigeria y para nuestros aficionados es muy importante eliminar a los ingleses». Kanu pretendía reeditar el éxito senegalés; sin embargo, los nigerianos solo consiguieron empatar a cero contra sus antiguos colonizadores, lo que no evitó la clasificación de Inglaterra para los octavos de final.

La dimensión geopolítica que implica una competición como el Mundial de fútbol ha propiciado este tipo de revanchas históricas, aunque el resultado no siempre ha favorecido a los excolonizados. En Italia 1990, Egipto se enfrentó a Inglaterra, su antigua potencia colonizadora, y cayó por un ajustado 1-0. Lo mismo le sucedió a Angola, que se enfrentó a Portugal en la edición de 2006 y perdió por el mismo resultado, aunque en esta ocasión el partido se desarrolló en un ambiente más bien fraternal.

Hasta aquella cita mundialista, los reencuentros entre angoleños y portugueses no habían sido tan plácidos. En 2001, el «amistoso» que les enfrentó en Lisboa tuvo que suspenderse por la dureza de los jugadores africanos, que terminaron con cuatro expulsiones cuando perdían por un contundente 5-1. Antes, en 1989, Angola había sufrido la derrota más abultada de su historia al caer ante la selección lusa por 6-0.

Los Mundiales de fútbol y la atención global que acaparan se han convertido en un escaparate internacional que África ha aprovechado en varias ocasiones para reivindicarse. Si bien la primera participación africana en una Copa del Mundo se remonta a 1934, en la que Egipto cayó ante Hungría, la primera victoria tuvo que esperar hasta 1978, cuando Túnez se impuso a México por 3-1.

La primera gran demostración del fútbol africano no llegaría hasta el Mundial de España 1982, cuando Argelia logró una victoria de enorme prestigio ante la potente Alemania Federal, a la postre subcampeona. La prepotencia habitual de los combinados europeos ante las selecciones africanas quedó ejemplificada en las declaraciones previas del técnico alemán, Jupp Derwall, quien afirmó: «Si no ganamos a Argelia, me vuelvo para Alemania en el primer tren».

Derwall no tomó ningún ferrocarril de vuelta a casa, pero sí tuvo que agachar la cabeza ante el histórico triunfo argelino por 2-1, que coincidía con el vigésimo aniversario de la independencia del país. El delantero Lakhdar Belloumi, autor de uno de los goles, declaró tras el encuentro: «Quiero dedicar esta merecida victoria a todo el pueblo argelino con ocasión del vigésimo aniversario de la independencia».

Desde aquella victoria en 1982 —a la que siguió el vergonzoso partido entre Alemania Federal y Austria en el cual un «conveniente» empate dejó fuera a los norteafricanos—,

África ha vuelto a demostrar a menudo su potencial futbolístico. En Catar 2022, una selección africana, Marruecos, llegó por primera vez a las semifinales de un Mundial. Curiosamente, en ese mismo torneo la selección francesa perdió ante Túnez en otra revancha poscolonial, aunque ocurrió en un intrascendente partido de la fase de grupos cuando los galos ya estaban clasificados para los octavos de final.

Está claro que el fútbol africano ha experimentado una evolución que lo ha acercado al más alto nivel. Esta progresión se evidencia al comprobar que, en 1904, cuando se creó la FIFA, África contaba con solo dos Estados independientes: Liberia y Etiopía. En 1957, cuando nació la Confederación Africana de Fútbol, solo eran cuatro los países afiliados: Etiopía, Egipto, Sudán y Sudáfrica. Hasta la edición de 1970, el continente no tenía garantizada la participación en la Copa del Mundo. De aquella ignominiosa situación, herencia del sistema colonial, África ha pasado a tener cinco plazas aseguradas en el Mundial. Una cifra que, pese a estar muy lejos de la de otros continentes, garantiza una representación digna en la gran cita del fútbol internacional.

Payasos y monstruos

Los episodios heroicos que protagonizó el fútbol africano durante el periodo colonial, convirtiéndose en instrumento de la lucha por la libertad, se vieron enturbiados por la utilización que muchos dirigentes de los nuevos Estados independientes hicieron del deporte rey. Conscientes de la popularidad de la que este gozaba, lo transformaron en una herramienta para legitimar su poder tiránico. El escritor Albert Sánchez Piñol definía a los dictadores africanos como «payasos y monstruos», y, ciertamente, supone una buena síntesis si nos atenemos a los disparates que cometieron en el terreno futbolístico.

Una de las características compartidas por algunos líderes africanos es su delirio de grandeza y su voluntad de perdurar en la historia. Quizá por ello algunos de los primeros mandatarios de la nueva África independiente se empeñaron en poner su nombre a las competiciones que organizaban.

No escapó de esta práctica ni siquiera el popular ghanés Kwame Nkrumah, quien, fiel a su doctrina panafricanista, propuso a la Confederación Africana la organización de un torneo continental de clubes que enfrentara a los distintos campeones nacionales. El presidente ghanés ofreció el trofeo que coronaría al campeón y, en un alarde de egolatría, propuso bautizarlo con el nombre de Copa Kwame Nkrumah. La CAF aceptó y, entre 1962 y 1965, la máxima competición africana de clubes llevó esta denominación, hasta que se reformuló y pasó a conocerse como Copa de los Clubes Campeones de África. El trofeo que se entregaba al vencedor, sin embargo, siguió siendo la Copa Nkrumah.

En 1977, ante la disputa de la primera Copa del Mundo juvenil de la historia, celebrada en Túnez, el presidente anfitrión, Habib Burguiba, ofreció a la FIFA un trofeo bautizado con su nombre para que lo entregara a la selección vencedora. La federación internacional rechazó el ofrecimiento, ya que, por razones de patrocinio, la copa llevaba el nombre de Coca-Cola, lo cual no impidió que la prensa tunecina hablara de la «Copa Burguiba» en sus crónicas locales. El torneo acabó con victoria de la Unión Soviética, con lo que el país socialista por antonomasia se llevó a casa el trofeo patrocinado por uno de los principales símbolos del capitalismo estadounidense.

Las injerencias de los presidentes en el fútbol no se limitaron a Burguiba. Su sucesor, Zine El Abidine Ben Ali —que había sido primer ministro con Burguiba antes de echarlo del poder mediante un golpe de Estado en 1987—, convirtió las intromisiones en el ámbito futbolístico en la norma. El punto álgido se alcanzó durante la Copa Africana de Naciones que Túnez acogió en 2004 y que terminó con el triunfo de las «Águilas de Cartago», sobrenombre de la selección tunecina. Ben Ali, como habían hecho numerosos dictadores antes que él, se apropió de la victoria y la utilizó para legitimar su poder y edulcorar la imagen de su régimen represivo.

Las injerencias de los jefes de Estado en los asuntos futbolísticos son una constante en África. El listado de los dirigentes que se han entrometido en las competiciones nacionales sería prácticamente interminable.

Otro de los ejemplos más significativos lo protagonizó el primer presidente de la Guinea independiente, Ahmed Sékou Touré. Su caso ilustra el dominio que ejercieron los clubes y las selecciones del África subsahariana en las primeras décadas de independencia del fútbol africano, siempre apoyados por el poder político local.

Sékou Touré, dirigente del marxista y anticolonialista Partido Democrático de Guinea, fue el impulsor del gran Hafia de Conakry, club que reinó en las competiciones africanas durante la década de los setenta. El presidente tenía una peculiar concepción del fútbol que lo llevó a adaptar las reglas internacionales a su conveniencia, hasta el punto de establecer que el carné de militante del Partido Democrático —el único existente en el país durante las primeras décadas posteriores a la independencia— pudiera sustituir a la licencia federativa necesaria para competir.

Ante la perplejidad de la FIFA, los responsables de la federación guineana justificaron la decisión afirmando que:

> En los reglamentos de otros países sabemos que el carné de identidad sustituye a la licencia federativa, pero en Guinea, particularmente allí donde el país no ha conocido la extensión del estado civil, para así permitir a todo el mundo practicar el fútbol, en lugar de la licencia exigiremos el carné del Partido, ya que lo tiene el 90% de la población y es mucho más fácil de obtener que el carné de identidad.

El presidente se entregó en cuerpo y alma a la construcción de un gran club guineano y forjó la leyenda del Hafia de Conakry, cuyo poético nombre significaba «Renacimiento», una idea que Sékou Touré pretendía aplicar al conjunto del África independiente, renacida tras el periodo de dominación colonial. Para nutrir las filas del Hafia, el régimen reclutó a los mejores jugadores del país y logró ganar en tres ocasiones la Copa de los Clubes Campeones de África, en las ediciones de 1972, 1975 y 1977.

Tras la final de 1977, en la que el Hafia se impuso al Hearts of Oak ghanés, el presidente saltó al terreno de juego y realizó varias vueltas de honor en su limusina descapotable para celebrar el título con el público y con los jugadores. Al término de la celebración, Sékou Touré afirmó entusiasmado que el triunfo había sido «una merecida victoria del Partido Democrático de Guinea y de su revolución».

Al ser la tercera vez que el Hafia de Conakry ganaba la Copa de los Clubes Campeones de África, el club se quedó en propiedad con la Copa Kwame Nkrumah. Sékou Touré ofreció entonces a la Confederación Africana de Fútbol un nuevo trofeo que, previsiblemente, bautizó con su propio nombre: la Copa Sékou Touré.

Tras la victoria de 1977, el fútbol guineano experimentó una paulatina decadencia continental. El Hafia perdió la final de la edición de 1978 ante el Canon de Yaoundé camerunés, derrota que desencadenó una dura represalia del presidente contra varios integrantes del equipo. En todo caso, culpar a los jugadores cuando las cosas no funcionan y colgarse medallas cuando cosechan éxitos no es patrimonio exclusivo del presidente guineano, sino una constante en el fútbol africano.

Quizá el ejemplo más extremo lo encontremos en la selección de Costa de Marfil del año 2000. Los Elefantes fueron eliminados en la primera ronda de la Copa Africana de Naciones y, a su regreso al país, el general Robert Gueï, en el poder desde el golpe de Estado de diciembre de 1999, mostró públicamente su indignación con los jugadores, a los que calificó de «vergüenza de la nación».

La indignación del militar no solo se manifestó de palabra: mandó arrestar a los integrantes de la selección e internarlos en el campo militar de Sambrako para que recibieran lecciones de «moral, civismo, patriotismo y respeto por la cosa pública». Después de tres días de reclusión, los jugadores fueron liberados, pero sobre ellos pesó la amenaza de cumplir un servicio militar de dieciocho meses en caso de volver a protagonizar una derrota que humillara al país.

La disolución de una selección por orden gubernamental ha sido un hecho habitual en el fútbol africano, incluso bien entrado el siglo XXI. En 2010, tras una muy mala Copa Africana de Naciones, el presidente nigeriano Goodluck Jonathan disolvió el combinado nacional y lo excluyó de las competiciones durante dos años, decisión que le valió una sanción por parte de la FIFA. El año anterior, la selección de Guinea también había sido disuelta por el ministro de

Juventud y Deportes, Fodéba Isto Kéira, tras no lograr la clasificación para la Copa de África.

En no pocas ocasiones son los árbitros quienes pagan los platos rotos. Así sucedió en Malí en 1977, cuando, pese a la victoria del combinado local en un partido de la fase de clasificación para la Copa Africana de Naciones, el presidente Moussa Traoré ordenó torturar al colegiado y a los jueces de línea en el vestuario del estadio de Bamako. Los autores materiales de los malos tratos fueron el teniente coronel Tiékoro Bagayoko, jefe de la seguridad nacional y presidente de honor de la Federación de Fútbol de Malí, y el capitán Sylla, cuyo sorprendente cargo era el de presidente de la comisión de árbitros malienses.

POR LA LIBERTAD DE LOS PUEBLOS

Debido a la repercusión planetaria del fútbol, las selecciones estatales son uno de los instrumentos más potentes para ejemplificar el concepto que el científico social británico Michael Billig define como «nacionalismo banal». Las naciones sin Estado, los pueblos y las culturas que no pueden proyectar su imagen a través de una selección que participe en competiciones oficiales también han formado parte del fenómeno futbolístico y, lejos de quedarse al margen, lo han utilizado como elemento para combatir ese nacionalismo banal de los Estados.

La identificación nacional a través del fútbol fue creciendo en la segunda mitad del siglo XX y, en el proceso, ha llegado a convertir a determinados clubes y proyectos de selecciones en algunos de los principales referentes identitarios de sus territorios. Los pueblos que no han gozado del derecho a constituir selecciones oficiales por falta de reconocimiento internacional no han dudado en usar el fútbol como instrumento para dar proyección a la causa de su libertad.

Desde Irlanda hasta Palestina, pasando por el País Vasco o el Tíbet, prácticamente todas las naciones sin Estado cuentan con un club de fútbol o con un proyecto de selección nacional que abandere sus aspiraciones soberanistas. Los movimientos de liberación nacional tienen muy claro que a los elementos que configuran la definición tradicional de Estado —territorio, población, gobierno, símbolos y ejército— hay que añadir una selección nacional de fútbol. La geopolítica ha demostrado en repetidas ocasiones que se trata de uno de los principales elementos de identificación colectiva de nuestro tiempo.

La trágica fractura irlandesa

Pocos lugares en el mundo han vivido una grieta social y política tan profunda como la del norte de Irlanda. El conflicto por la soberanía de este territorio ha dividido a las comunidades nacionalista-republicana y unionista-lealista británica, asociadas respectivamente a las comunidades religiosas católicas y protestantes. Como no podía ser de otra forma, esta fisura también se escenifica en el ámbito del fútbol.

En el norte de Irlanda, la mera práctica de un determinado deporte o el apoyo manifiesto a uno u otro club pueden interpretarse como factores incuestionables de adscripción nacional: así, jugar al fútbol gaélico o apoyar al Linfield Football Club de Belfast —el equipo protestante y unionista por excelencia— son elementos definitorios de la identidad de una persona en este contexto.

Aunque hoy el fútbol despierta pasiones tanto entre los nacionalistas irlandeses como entre los unionistas británicos que viven en Irlanda, lo cierto es que, en sus orígenes, tuvo una mayor implantación en el norte de la isla, donde a finales del siglo XIX la comunidad protestante era claramente mayoritaria.

No es de extrañar, por tanto, que fuera precisamente en Belfast donde nacieron los primeros clubes de fútbol irlandeses y donde, en 1880, se creó la Asociación Irlandesa de Fútbol (IFA). Esta entidad, que actualmente es la representante federativa de Irlanda del Norte, agrupaba en sus inicios al fútbol de toda la isla, que por aquel entonces se encontraba bajo dominación colonial británica. El proceso de independencia, iniciado con el levantamiento de Pascua de 1916 y culminado en 1921 con la creación del Estado Libre de Irlanda y la partición política de la isla, tuvo importantes consecuencias en la organización del fútbol irlandés.

A raíz de las nuevas circunstancias políticas, el recién creado Estado de Irlanda impulsó la fundación de su propia federación futbolística, bautizada como Football Association of Ireland. La presión diplomática de los unionistas del norte y de las autoridades británicas provocó que, durante sus dos primeros años, la nueva federación no contara con el reconocimiento oficial de la FIFA, que solo la aceptó en su seno tras imponerle un cambio de nombre que precisara que se trataba de la federación del Estado Libre de Irlanda, y no del conjunto de la isla.

No fue hasta 1949, cuando Irlanda se convirtió en república, que la FIFA permitió a la federación recuperar su nombre original, al tiempo que propuso la denominación de República de Irlanda para la selección que representaba a la Irlanda libre, y la de Irlanda del Norte para el combinado que hacía lo propio con la parte de la isla que continuaba bajo dominación británica.

La división ancestral del norte de Irlanda también se refleja en las simpatías de sus distintas comunidades. Mientras los unionistas apoyan a la selección de Irlanda del Norte, los nacionalistas simpatizan con la de la República de Irlanda. En los barrios católicos de las ciudades norirlandesas es habitual que los pubs se llenen cuando juega la selección de la República de Irlanda, la verdadera selección irlandesa a ojos de los nacionalistas. Y, por contra, los partidos de Irlanda del Norte se convierten en escenario de proclamas unionistas británicas, a menudo de carácter sectario, y en espacio de exhibición de simbología lealista.

Son muchas las ocasiones en que la tensión política en el norte de Irlanda se ha visto reflejada en su selección. Entre 1972 y 1975, ante el creciente clima de enfrentamiento, el combinado de Irlanda del Norte tuvo que jugar sus partidos internacionales como local fuera de la isla. Las ciudades inglesas de Hull, Coventry, Sheffield, Londres y Liverpool acogieron los encuentros que el equipo disputaba hasta entonces en Belfast.

Las visitas a Belfast en 1985 y 1987 de la selección de Inglaterra —acompañada por numerosos *hooligans* vinculados a la extrema derecha— se convirtieron en objetivos de la lucha armada de los grupos republicanos cuando el Ejército Irlandés de Liberación Nacional (INLA) colocó dos artefactos explosivos cerca del estadio de Windsor Park.

Ya en agosto de 2002, con el norte de Irlanda teóricamente pacificado tras los Acuerdos del Viernes Santo de 1998, el jugador católico Neil Lennon, capitán del combinado norirlandés, anunció su retirada de la selección debido a las amenazas que recibieron tanto él como su familia. Llegaron de parte de grupos unionistas después de que el jugador firmase un contrato con el Celtic de Glasgow, el equipo católico por excelencia, y de que declarara su voluntad de ver una única selección irlandesa compitiendo a nivel internacional y representando a una Irlanda libre y unificada.

La fractura entre nacionalistas y unionistas se repite cuando se trata de respaldar a un club norirlandés o, en especial, escocés, ya que, paradójicamente, los norirlandeses viven más pendientes de los resultados de la liga escocesa que de las competiciones que se desarrollan en el norte de la isla o en la República de Irlanda. El Celtic y el Rangers cuentan, respectivamente, con el firme apoyo de las comunidades nacionalista y unionista.

El Celtic FC, fundado a partir de la inmigración irlandesa en Escocia, congrega las simpatías de la comunidad nacionalista, republicana y católica, de modo que en sus partidos es habitual escuchar proclamas a favor de la unidad de Irlanda. Por contra, el Rangers FC recoge el apoyo de la comunidad unionista, lealista y protestante, lo que hace que entre su afición sean frecuentes los cánticos partidarios de la unidad del Reino Unido.

Los enfrentamientos entre Celtic y Rangers, los *Old Firm,* el caliente derbi de Glasgow, se viven en el norte de Irlanda de manera tanto o más intensa que en la ciudad donde tienen lugar. En Belfast son habituales los enfrentamientos entre seguidores de ambos equipos. Con todo, Belfast ha tenido y sigue teniendo sus propios equipos que acarrean simbolismos parecidos a los que representan el Celtic y el Rangers.

Históricamente, los dos clubes más importantes del norte de Irlanda eran el Belfast Celtic FC, creado en 1891, y el Linfield FC, nacido en 1886. Ambos equipos representaban a las comunidades nacionalista y unionista, respectivamente, aunque lo hacían de manera distinta. Mientras el Belfast Celtic —que tenía el apoyo de la comunidad nacionalista de los seis condados del norte de Irlanda— se oponía al sectarismo religioso y contaba en sus filas con jugadores de distintas confesiones, el Linfield era un club asociado a las posiciones políticas más estrictas del unionismo británico, que lo llevaban a rechazar la presencia de jugadores católicos.

Durante los años treinta y cuarenta, los partidos entre el Belfast Celtic y el resto de equipos protestantes norirlandeses —en especial los duelos contra el Linfield— solían derivar en enfrentamientos entre aficiones. La violencia sectaria contra los jugadores y los seguidores del Belfast Celtic llegó a tal intensidad que, en 1949, después de un partido contra el Linfield en que se vivieron situaciones de extrema violencia, el club acordó disolverse.

Los valores anticatólicos y antinacionalistas que reinaban en la mayoría de los equipos norirlandeses y en la federación de Irlanda del Norte se vieron reforzados tras la decisión del Belfast Celtic, que, pese a convertirse en un club difunto, mantenía intacto su simbolismo entre la comunidad nacionalista. Esta circunstancia abrió el camino para que el Cliftonville, decano del fútbol norirlandés con feudo en uno de los barrios católicos de Belfast, recogiera el testigo del Belfast Celtic y se estableciera como el nuevo club de referencia para la población católica y nacionalista, así como en el nuevo rival del Linfield.

Los encuentros entre el Cliftonville y los equipos protestantes se convirtieron en el nuevo escenario habitual de violencia sectaria. Algunos partidos que el decano del fútbol norirlandés debía disputar como local fueron trasladados a estadios situados en barrios unionistas, lo cual suponía un agravio moral y una injusta penalización de cara a sus intereses deportivos. Esta situación también la había vivido el Distillery, otro equipo de Belfast, en su caso sin una marcada adscripción religiosa y con miembros de las distintas comunidades norirlandesas entre sus filas.

El sectarismo ha contado siempre con la complicidad de los principales estamentos del fútbol norirlandés. Un ejemplo de ello es el enfrentamiento que en 1998 debían disputar dos equipos juveniles de la región: el Donegal Celtic y el RUC, siendo este último el club de la policía norirlandesa. El Donegal Celtic decidió no enfrentarse al conjunto de un cuerpo policial que tanto sufrimiento había provocado a su comunidad, decisión que aplaudió el Sinn Féin.

A pesar de que en los años ochenta y noventa el Linfield incorporó a algunos jugadores católicos, el club continuó vinculado al unionismo más extremo. Sus aficionados siguieron cantando canciones lealistas mientras protagonizaban numerosos episodios de violencia contra los aficionados nacionalistas, como sucedió durante su visita en 1979 a la República de Irlanda para enfrentarse al Dundalk. Ese partido se disputó poco después del atentado del IRA que asesinó a Lord Mountbatten, un importante miembro de la familia real británica, suceso que exacerbó los ánimos de los hinchas lealistas.

Aunque el Linfield sea el equipo protestante, unionista y lealista por excelencia, existen otros clubes que le disputan esta condición y que, además, ponen de manifiesto los conflictos en el seno de la comunidad. Es el caso del Glentoran, el segundo equipo protestante de Belfast, cuyos seguidores reprochaban a los del Linfield que Gerry Adams, por entonces el principal dirigente del Sinn Féin, fuera el diputado electo al Parlamento británico por el distrito donde se situaba el estadio de Windsor Park.

También encontramos el ejemplo del Portadown FC, representante de las organizaciones paramilitares lealistas más extremistas —como la Fuerza de Voluntarios del Ulster, la Fuerza de Voluntarios Lealistas o los Defensores de la Mano Roja—, cuya afición compite con la del Linfield por ser la más fanática de la comunidad unionista. Los enfrentamientos entre aficiones unionistas llegan hasta el punto de que algunos seguidores de los equipos enemistados con el Linfield se niegan a apoyar a la selección de Irlanda del Norte cuando juega como local en Windsor Park, arguyendo que es el mismo estadio donde compite habitualmente su acérrimo rival.

En la actualidad, la liga norirlandesa es un torneo integrado en su mayoría por equipos con aficiones unionistas. La existencia de la competición y la de su combinado nacional refuerzan la idea de Irlanda del Norte como entidad política, un hecho abiertamente rechazado por los nacionalistas irlandeses, que defienden que el único sujeto nacional en la isla debería ser el Estado unificado de Irlanda. Esto explica, en gran medida, el abstencionismo que la comunidad nacionalista ha practicado históricamente en relación con la federación y la liga norirlandesas.

Los acuerdos de Stormont, acompañados por el cese de las actividades de las principales organizaciones armadas republicanas y lealistas, han contribuido a reducir ostensiblemente el clima de confrontación en el norte de Irlanda, pero la fractura social sigue presente en muchos ámbitos, entre ellos el fútbol. Basta con ver cómo se viven en las ciudades norirlandesas los *Old Firm* entre Celtic y Rangers o los partidos de la República de Irlanda y los de Irlanda del Norte para comprobar que, pese a los esfuerzos pacificadores, la fosa que separa a ambas comunidades sigue siendo, por desgracia, una triste realidad.

El equipo que simboliza la unidad de Irlanda

El histórico triunfo en las elecciones generales del 8 de febrero de 2020 del Sinn Féin, convertido en primera fuerza un siglo después, volvió a poner en el centro del debate político la necesidad de un referéndum para unificar Irlanda. Este objetivo, por el que el Sinn Féin combate desde 1921 —cuando el tratado anglo-irlandés puso fin a la guerra de independencia y dividió la isla en los veintiséis condados del Estado Libre y los seis que, convertidos en Irlanda del Norte, quedaron bajo dominación británica—, tiene en un club de fútbol uno de sus principales referentes: el Derry City.

Con la estructura del fútbol nacional también dividida desde el momento de la independencia, en 1928 se constituyó un club en la capital del condado de Derry, se afilió a la IFA y participó en las competiciones que esta federación organizaba en los seis condados del norte de Irlanda. El Derry City Football Club tomaba así el relevo del Derry Celtic, un antiguo equipo de la ciudad que había sido expulsado de la liga irlandesa en 1913 y que, en su lugar, se inscribió en la Asociación Atlética Gaélica (GAA), debido a sus estrechos lazos con el movimiento nacionalista que luchaba por liberar la isla de la dominación británica.

Curiosamente, el nuevo club de la ciudad optó por abandonar la referencia céltica de su nombre para crear una entidad deportiva inclusiva con la que pudieran identificarse tanto los nacionalistas católicos como los unionistas protestantes. Con todo, a nadie escapa que optaron por la denominación de Derry para referirse a su ciudad, tal como hacen los nacionalistas, rechazando así el nombre de Londonderry, que suelen usar los unionistas.

Durante sus primeras décadas, el Derry City no tuvo una especial significación política y, a pesar de que su ciudad de origen tenía una amplia mayoría de población católica, entre sus seguidores podía encontrarse un volumen nada desdeñable de protestantes. Esta situación empezó a cambiar durante los años sesenta y, en especial, a raíz de la participación del equipo en la Copa de Europa en la temporada 1965/66, derecho que se había ganado al obtener su primer y único título de campeón de la Liga de Irlanda del Norte el curso anterior.

Gracias a su victoria sobre el FK Lyn noruego, el Derry City fue el primer equipo norirlandés en superar una eliminatoria europea. Paradójicamente, este hecho disgustó profundamente a los regentes de la Asociación Irlandesa de Fútbol, organismo controlado por protestantes de filiación política unionista, como su presidente Harry Cavan, a quien no le hizo ninguna gracia que un club apoyado mayoritariamente por población católica se convirtiera en el principal referente del Ulster.

Esta circunstancia llevó a la federación norirlandesa a decretar que, de cara a la siguiente ronda, correspondiente a los octavos de final, el Derry City abandonara su feudo de Brandywell para jugar el partido como local contra el Anderlecht belga en un estadio de Belfast, argumentando que su terreno de juego habitual no cumplía con las condiciones exigidas para acoger un partido de la Copa de Europa, a pesar de que ya lo había hecho sin problema durante la ronda previa.

En el partido de ida, el Anderlecht derrotó al Derry City por un contundente 9-0 y no puso ningún inconveniente en jugar la vuelta en el estadio de Brandywell, no sin antes mandar a un delegado para inspeccionarlo. Con todo, la federación norirlandesa continuó enrocada en su posición y ese partido nunca llegó a disputarse, ya que el Derry City prefirió no competir a hacerlo en un estadio distinto al suyo. Esta anécdota marcaría el inicio de la ruptura entre el Derry y la federación norirlandesa.

El barrio del Bogside, muy cercano a Brandywell, se convirtió en escenario recurrente de enfrentamientos entre manifestantes y policía, al tiempo que la zona pasaba a ser uno de los feudos del renacido Ejército Republicano Irlandés (IRA). En un partido entre el Derry City y el Linfield, celebrado el 25 de enero de 1969, se produjo un estallido violento que obligó a evacuar a los seguidores del club protestante durante el descanso después de que las peleas entre aficionados llegaran hasta el terreno de juego.

Ante esa situación, el Linfield se negó durante los siguientes dos años a jugar en Brandywell, con el apoyo de la federación. Esta última favoreció claramente los intereses del club protestante al decretar que el Derry City debía jugar los partidos que le correspondían como local contra el Linfield en el estadio de su rival.

La situación de tensión en Derry no hizo sino aumentar a comienzos de los setenta, cuando varios barrios de la ciudad, entre ellos el Bogside, quedaron bajo control del IRA, provocando que la policía apenas se atreviera a entrar en ellos. Quedó demostrado por el hecho de que durante el *Bloody Sunday* del 30 de enero de 1972 fuera el ejército británico el que penetrara en el distrito para reprimir una marcha por los derechos civiles que terminó con la muerte de catorce personas.

En el plano futbolístico, los sucesos de septiembre de 1971, cuando un grupo de jóvenes atacó y quemó el autobús en el que viajaban los jugadores del Ballymena United que se desplazaban a Brandywell, provocaron que la mayoría de los equipos protestantes de la liga norirlandesa se unieran al boicot del Linfield y se negaran a jugar en el estadio de Derry. Esta decisión contó con el aval de la Royal Ulster Constabulary (RUC), la policía local controlada por la comunidad protestante, que elaboró un informe concluyendo que no era seguro disputar partidos de liga en Brandywell. Al Derry City no le quedó más remedio que exiliarse a Coleraine, una ciudad situada a cincuenta kilómetros de su casa que, para más inri, contaba con una población mayoritariamente protestante y unionista, lo que dificultaba el desplazamiento de sus aficionados y reducía notablemente su capacidad deportiva y económica.

Para sortear estas adversidades, en octubre de 1972 el Derry City solicitó a la federación permiso para volver a Brandywell, argumentando que su estadio no era más peligroso que la mayoría de las instalaciones deportivas de un norte de Irlanda donde el IRA había generalizado su actividad armada hasta el punto de popularizar el eslogan *«Victory to the IRA»*.

La votación en el seno de la federación norirlandesa negó al Derry City el derecho a volver a Brandywell por un solo voto, lo que desesperó a sus dirigentes, quienes al día siguiente retiraron al club de la liga. Se iniciaba así una travesía por el desierto, como la bautizaron los propios dueños del club, que se extendió durante trece años, entre 1972 y 1985.

En este periodo, el Derry City solo compitió en ligas regionales *amateur* al tiempo que presentaba, cada temporada, una solicitud de readmisión a la primera división, sistemáticamente rechazada porque nunca renunciaba al uso de Brandywell como estadio local. A pesar de que el barrio de Bogside consiguió una cierta estabilización de la seguridad, la federación se mantuvo firme en sus negativas, lo que propició que el club explorara la posibilidad de integrarse en las competiciones de la República de Irlanda.

Tras años de conversaciones, y a pesar de la oposición del vicepresidente de la FIFA y del presidente de la federación norirlandesa, el protestante Harry Cavan, en 1985 el Derry City fue admitido como miembro de pleno derecho en las competiciones de la República de Irlanda, iniciando su periplo desde la segunda división. La decisión supuso un alivio para los dirigentes del club, que veían cómo terminaba su marginación deportiva y cómo Brandywell continuaba siendo su hogar, aunque la nueva etapa tampoco estuvo exenta de polémicas y riesgos. Uno de ellos fueron los ataques que sufrían los autocares de jugadores y seguidores cuando cruzaban, camino de la República, territorios protestantes.

La admisión en la liga irlandesa despertó, en cambio, el entusiasmo del público local, y miles de personas llenaban habitualmente Brandywell, convirtiéndolo en el estadio con mayor asistencia del campeonato irlandés. El fervor que supuso para el Derry City el fin de la travesía por el desierto hizo que, en 1987, el club ascendiera a la máxima categoría, y que solo dos años después ganara un histórico triplete al imponerse en la Liga, la Copa y la Copa de la Liga.

Esta circunstancia desató la euforia de una entidad cuyo simbolismo representaba el anhelo de una Irlanda unida y libre. Entre los aficionados ilustres del Derry City figuran los principales dirigentes de las fuerzas nacionalistas locales, como John Hume, premio Nobel de la Paz y máximo representante del nacionalista moderado Partido Socialdemócrata y Laborista, presidente honorario del club durante veintiún años, y Martin McGuinness, líder del Sinn Féin y comandante del IRA.

Desde la pacificación de Irlanda, el club no ha dudado en mostrar su compromiso con la paz mediante actos como un encuentro amistoso para recaudar fondos en favor de las víctimas del atentado de Omagh —perpetrado por un grupo de disidentes del IRA— o el partido por la paz que Brandywell acogió en 2003 con el Barça como protagonista, y que fue posible gracias a las gestiones de John Hume y del entonces presidente de la Generalitat de Catalunya, Pasqual Maragall.

La nueva etapa abierta tras los acuerdos de paz llevó al Derry City a abrazar la política de rehacer puentes entre comunidades, conservando su identidad nacionalista. El oscuro pasado, sin embargo, continúa presente en su día a día: el nuevo Servicio Policial de Irlanda del Norte (PSNI), nacido para dejar atrás el sectarismo de su predecesor, no se hace cargo de la seguridad durante los partidos en Brandywell, si bien tiene potestad para acceder al estadio y a sus alrededores en caso de emergencia.

Tras unos años convulsos —sobre todo desde el punto de vista financiero—, el Derry City tuvo que afrontar un nuevo problema derivado de su entorno sociopolítico. El Brexit parecía querer rescatar la vieja frontera en el interior de la isla; una frontera que en ningún caso llevó al club a replantearse su participación en las competiciones de la República. Más bien todo lo contrario: los dirigentes del Derry City afirman que su pertenencia a las competiciones de la República de Irlanda es ya permanente. Una circunstancia que convierte a este equipo en símbolo del anhelo de la unificación del país, sueño que sus seguidores ansían ver convertido en realidad más pronto que tarde.

Pasión por el Celtic, incluso entre rejas

Más allá del Derry City, si hay un club que representa la causa nacionalista y republicana irlandesa ese es el Celtic Football Club, nacido en Glasgow a partir de la inmigración católica irlandesa, que se estableció allí buscando oportunidades que en su país le faltaban.

La identificación entre el Celtic de Glasgow e Irlanda ha provocado que en toda la isla, pero en especial en los seis condados del norte, existan numerosas peñas de este singular equipo bautizadas como Celtic Supporters Clubs. El apoyo republicano al Celtic llegó hasta el punto de que en la hoy desaparecida prisión de Long Kesh, situada en el condado de Antrim, se creó un grupo de aficionados del equipo: el Long Kesh Celtic Supporters Club.

La prisión que daba nombre a la agrupación tenía el nombre oficial de Centro Penitenciario de Maze y había sido el escenario de algunos de los principales acontecimientos de la historia reciente del país. El centro entró en funcionamiento en 1971 para albergar a los detenidos de la nueva ley de internamiento, que permitía a las autoridades británicas la detención y el encarcelamiento de los sospechosos de participar en la lucha del IRA por la libertad de Irlanda sin necesidad de presentar cargos ni de llevarlos ante un tribunal.

En 1972, Long Kesh ya alojaba a más de mil prisioneros republicanos irlandeses, lo que provocó que sus celdas se transformaran en auténticos centros de formación por donde pasaron los principales dirigentes nacionalistas, entre ellos el propio Gerry Adams, futuro líder del Sinn Féin. Los simpatizantes republicanos terminaron bautizando la cárcel como la «Universidad de la Libertad».

A partir de marzo de 1976, la vida de los prisioneros republicanos encerrados en Maze sufrió una transformación radical. Hasta entonces, a los reclusos irlandeses se les reconocía un estatuto especial que la secretaria de Estado laborista Merlyn Rees suprimió. Los nuevos prisioneros republicanos fueron encerrados en ocho bloques de nueva construcción, conocidos como «bloques H». Los presos irlandeses iniciaron entonces la conocida «protesta de las mantas», durante la cual se negaron a vestir el uniforme de los reclusos comunes, cubriéndose con mantas para reclamar el reconocimiento de su estatuto de presos políticos.

Esta protesta se alargó, y a la negativa de los prisioneros a vestir el uniforme del penal se añadió su rechazo a lavarse e ir al baño, algo que no suscitó la compasión de la conservadora Margaret Thatcher, nombrada primera ministra británica en mayo de 1979. La Dama de Hierro endureció el régimen penitenciario, provocando la radicalización de las protestas de los presos republicanos.

En octubre de 1980 empezó la primera huelga de hambre de los prisioneros políticos del IRA y del INLA. Esta iniciativa fue seguida por una segunda huelga, comenzada el 1 de marzo de 1981, que desembocó en el trágico fallecimiento de diez presos republicanos, entre los que se encontraba Bobby Sands, elegido diputado al Parlamento británico mientras se encontraba en plena huelga de hambre.

Tras estas muertes, Long Kesh y sus bloques H se convirtieron en un ejemplo de la lucha y del martirio sufrido por los voluntarios irlandeses. Durante los ochenta, la cárcel fue escenario de numerosos episodios heroicos para el movimiento republicano, que iban desde fugas espectaculares hasta el fallecimiento de más presos, hechos que alimentaron el simbolismo de este centro penitenciario y de su peña de aficionados del Celtic entre la comunidad republicana. Muchos de los voluntarios del IRA encarcelados en Maze ya eran miembros de otras peñas del Celtic en sus localidades de origen.

La actividad de esta peña era más bien escasa y nunca contó con el reconocimiento oficial del club de Glasgow, pero lo realmente importante era su dimensión simbólica. Así lo certifica el hecho de que, incluso una vez clausurada la prisión, que quedó prácticamente vacía tras el Acuerdo del Viernes Santo y cerró sus puertas en septiembre del año 2000, los republicanos siguieron usando la imagen de la peña. El propio

Sinn Féin vendía distintos artículos con el logotipo del Long Kesh Celtic Supporters Club, formado por la silueta de la cárcel acompañada del escudo del equipo de Glasgow.

Este hecho motivó que, en 2002, la sección local en Glasgow del British National Party (BNP) denunciara ante el jefe de relaciones públicas del Celtic lo que consideraba un uso fraudulento del escudo oficial del club. La queja contó con el respaldo de los periódicos *The Sun* y *Daily Record*, y provocó que el Celtic, en un momento en que se encontraba en conversaciones con su eterno rival, el Rangers, para aplicar medidas que redujeran el sectarismo y la dimensión política y religiosa de su enemistad, obligara al Sinn Féin a cesar la venta de esos artículos.

A pesar del cierre de la prisión y de la prohibición de vender productos con su histórico logotipo, el Long Kesh Celtic Supporters Club sigue vivo en el corazón de miles de republicanos irlandeses que simpatizan con el Celtic. Todavía hoy existe una agrupación de seguidores que, entre otras cosas, pretende que Irlanda no olvide el martirio que sufrieron los voluntarios que luchaban por su libertad entre los muros de aquellos infames bloques H, por suerte ya desaparecidos.

El otro Celtic

En 1891, tres años después de que un grupo de inmigrantes irlandeses encabezados por el padre Walfrid decidiera crear el Celtic Football Club, nacía en el barrio católico de Falls Road, en el corazón del Belfast rebelde, un equipo que también adoptó la denominación de Celtic, a imagen y semejanza de su homólogo escocés. La elección del nombre responde a que el club manifestó desde sus inicios la voluntad de imitar a su hermano mayor de Glasgow, tanto en el estilo de juego como en su ejemplo caritativo y en su identidad irlandesa.

Desde su creación, el Belfast Celtic se erigió en uno de los principales clubes de una isla que, por aquel entonces, vivía bajo completa dominación colonial británica. En 1896, un lustro después de su nacimiento, el club fue admitido en la liga irlandesa, en la que todos los equipos participantes eran originarios de Belfast, donde el fútbol estaba mucho más arraigado que en el resto de la isla. Apenas cuatro años después de su admisión, ganó su primer título de Liga tras una agónica victoria por un solitario gol frente al Linfield, su rival por excelencia.

Empezaba así a forjarse la leyenda de un equipo que cada vez despertaba más pasiones, como lo demuestra el hecho de que al cabo de poco tiempo construyeron su propio estadio, bautizado como Celtic Park, otra vez a imagen y semejanza de su hermano mayor. Ese nuevo terreno de juego sería conocido como The Paradise, igual que el de su homólogo escocés, debido a la confesión católica de la mayoría de sus aficionados y a los momentos de gloria que se vivieron en él.

El Belfast Celtic, como había sucedido con su homólogo en Glasgow, se convirtió muy pronto en el club de referencia de la comunidad católica y nacionalista de la ciudad, lo cual provocó que su rivalidad con el Linfield adquiriese una dimensión encarnizada. Cabe matizar, no obstante, que, mientras el Linfield era un club sectario que no aceptaba jugadores católicos en sus filas, el Belfast Celtic se gestionaba con una filosofía no sectaria que permitía a futbolistas de distintas confesiones religiosas vestir juntos su camiseta. Esta circunstancia provocó que el club despertara simpatías entre algunos sectores de la población protestante local, que veían en él un ejemplo de convivencia.

A pesar de la gloria inicial, la del Belfast Celtic es sobre todo una historia trágica. Entre los años 1915 y 1917, en plena Gran Guerra, se detuvo la actividad del primer equipo, algo que se repitió en 1920 después de que, durante una semifinal de la Copa irlandesa, un simpatizante lealista y las fuerzas británicas disparasen contra el público. Este suceso tuvo lugar en el curso de la guerra por la independencia irlandesa. Tras el conflicto, el Belfast Celtic no retomó su participación en las competiciones oficiales hasta 1924, cuando se incorporó a la liga norirlandesa, iniciando su etapa dorada en términos deportivos: en dieciséis años ganaron diez campeonatos locales. El principal cronista de la historia del club, Bill McKavanagh, afirmaba en referencia a ese periodo: «Cuando no teníamos nada, teníamos al Belfast Celtic, y entonces lo teníamos todo».

El conflicto entre unionistas británicos y nacionalistas irlandeses se manifestaba con especial virulencia en los enfrentamientos entre el Belfast Celtic y los equipos protestantes. Fueron los excesos perpetrados por los seguidores unionistas los que precipitaron el amargo final del club.

El 26 de diciembre de 1948, festividad de San Esteban —el conocido como *Boxing Day*—, el Celtic visitó el feudo del Linfield en un duelo por el liderato. Cuando quedaban diez minutos para finalizar un partido que los de Belfast acababan de empatar a un gol, cientos de aficionados lealistas, con la complicidad de la policía local, invadieron el terreno de juego y agredieron gravemente a los jugadores visitantes.

Esa noche, la directiva del Belfast Celtic se reunió de urgencia y condenó con dureza tanto las agresiones como la pasividad de los agentes de la RUC. Ante tales hechos, el club acordó poner fin a su actividad competitiva. El sectarismo unionista acababa así con cincuenta y ocho años de historia de una entidad identificada con la causa de la libertad de Irlanda desde una posición no sectaria.

Tras su retirada, el Celtic de Belfast disputó aún varios partidos amistosos antes de desaparecer definitivamente. En 1949 el equipo realizó una gira por Estados Unidos en la que se enfrentó, entre otros, a la selección escocesa, en un partido que ganó por 2-0 y que suscitó una gran polémica entre los medios unionistas de Belfast, ya que el Celtic exhibió una gran bandera irlandesa, emulando la práctica habitual en los partidos internacionales oficiales.

El mítico equipo de Belfast, ese otro Celtic, cerró su trayectoria con un emotivo encuentro celebrado en 1952 contra el Celtic de Glasgow, su hermano mayor y el equipo que ocupó, en el corazón de los nacionalistas del norte de Irlanda, el vacío dejado por los célticos de Belfast.

Con la ikurriña por bandera

Otro conflicto nacional de gran importancia en la Europa occidental de la segunda mitad del siglo XX es el del País Vasco. La lucha de los independentistas por conseguir un Estado plenamente soberano ha tenido repercusiones evidentes en el terreno del fútbol, un deporte que introdujeron en Euskadi los marineros ingleses a finales del siglo XIX.

La llegada del fútbol a tierras vascas coincidió con el nacimiento del nacionalismo vasco, impulsado por Sabino Arana, que cristalizó en 1895 con la creación del Partido Nacionalista Vasco (PNV). Tras la fundación de las primeras entidades, con el Athletic Club de Bilbao a la cabeza, los años veinte fueron testigos de la creación de la Selección Norte, un combinado regional que agrupaba a jugadores vascos y cántabros y que aún no tenía connotaciones nacionalistas.

Inspirada en esta selección pionera, en 1930, en un contexto de expansión nacionalista que llevaría a la presentación del primer proyecto de estatuto de autonomía, se desarrollaron las bases de la primera selección de fútbol vasca, conocida con el nombre de Baskonia. Este combinado se estrenó con un enfrentamiento a doble partido contra Catalunya.

El primer estatuto de autonomía vasco, aprobado definitivamente en octubre de 1936, era un texto muy recortado en relación con los proyectos de 1931 y 1934 que, además, ya no incluía a Navarra como parte de la nación. Con todo, el nuevo marco legal permitió la formación de un Gobierno vasco encabezado por el lehendakari José Antonio Agirre, militante del PNV.

Durante la Guerra Civil, Agirre, que había sido jugador del Athletic durante cinco temporadas, promovió la creación de una selección vasca desde una perspectiva abiertamente nacionalista. Esta nueva selección recibió el nombre de Euzkadi y disputó distintos partidos en otros países con el objetivo de recaudar fondos y despertar simpatías por la causa nacionalista vasca.

La selección de Euzkadi debutó en abril de 1937 contra el parisino Racing Club de Francia, vigente campeón de la liga gala, al que los vascos derrotaron en el césped del Parque de los Príncipes. En los dos años siguientes, el combinado vasco visitó distintos países que simpatizaban con la causa republicana para enfrentarse a equipos o selecciones locales, como Checoslovaquia, la Unión Soviética, Noruega, Dinamarca, México y Cuba.

En Polonia, cuyo Gobierno reaccionario defendía entonces posiciones cercanas al bando franquista, se anuló el partido que la selección vasca tenía previsto jugar en Varsovia al considerar que sus futbolistas eran «comunistas radicales y peligrosos». Esta acusación no tenía ningún fundamento, como se encargaron de comprobar los policías polacos responsables de su vigilancia, que descubrieron, atónitos, cómo los futbolistas vascos dedicaron el domingo que pasaron en Varsovia a la tan subversiva actividad de asistir a misa en una iglesia católica. De hecho, el jugador Luis Regueiro manifestó en una emisora de radio parisina: «Somos profundamente católicos. Nuestra misión es puramente humanitaria y pacífica. Ni un solo céntimo recaudado servirá para comprar un fusil».

Cuando el País Vasco cayó en manos franquistas durante la Guerra Civil, la selección de Euzkadi cruzó el Atlántico y se exilió en México, donde durante la temporada 1938/39 se inscribió en el campeonato de liga local con el nombre de Club Deportivo Euzkadi. Tras conseguir el subcampeonato de liga en su primera participación, este efímero equipo vasco decidió disolverse, lo que provocó que la mayoría de sus jugadores pasaran a defender la camiseta de otros clubes mexicanos, quedando en el país azteca en condición de exiliados políticos.

Durante la dictadura franquista, el papel que Agirre había pretendido que tuviera la selección de Euzkadi lo asumieron los clubes vascos que competían en la liga española. El Athletic Club de Bilbao, la Real Sociedad de San Sebastián, el Deportivo Alavés de Vitoria y el Club Atlético Osasuna de Pamplona —el único de los grandes equipos de Euskal Herria con nombre en euskera— se erigieron en representantes deportivos de las aspiraciones nacionales vascas. Los clubes de Bilbao y San Sebastián solo acogían a jugadores nacidos en los territorios de Euskal Herria, hecho que contribuyó a su identificación con el nacionalismo vasco.

El 5 de diciembre de 1976, un año después de la muerte del dictador Francisco Franco, el estadio de Atotxa fue escenario de un histórico derbi entre la Real Sociedad y el Athletic Club donde los dos equipos mostraron una ikurriña, bandera que por aquel entonces aún estaba prohibida. Los capitanes de ambos equipos, Inaxio Kortabarria por la Real Sociedad y José Ángel Iribar por el Athletic Club, saltaron juntos al césped luciendo la enseña. Ambos futbolistas eran convencidos militantes independentistas: el primero había renunciado a jugar con la selección española, mientras que el segundo se convertiría en miembro de la primera Mesa Nacional de Herri Batasuna (HB), el órgano de dirección de la izquierda *abertzale,* formado en 1978.

Los cambios políticos que se sucedieron en España a partir de 1975 y que comportaron la recuperación, en 1979, del estatuto de autonomía vasco derogado por la dictadura, permitieron el reconocimiento de la selección de fútbol de Euskadi, si bien esta tuvo, en un principio, un papel meramente testimonial. Esta renacida selección se estrenó en San Mamés en 1979 disputando un partido contra Irlanda. La elección del rival tenía un evidente simbolismo, y la dimensión política del encuentro no pasó por alto a los representantes del Gobierno de España, que prohibieron que las notas del himno vasco sonaran antes del partido.

Desde entonces, la selección vasca ha disputado múltiples encuentros que han servido para reivindicar su reconocimiento oficial y su derecho a participar en las competiciones internacionales. Estos partidos tomaron fuerza a partir de los años noventa con la instauración de una cita anual en San Mamés o en Anoeta, donde la reivindicación independentista tenía tanta o más fuerza que el propio hecho deportivo.

En 2007, la lucha por la oficialidad de la selección vasca, apoyada por todos los partidos nacionalistas, reavivó su fulgor con la disputa del primer encuentro fuera del País Vasco desde 1938. Este histórico partido fue un enfrentamiento en Caracas contra la selección de Venezuela en el que los jugadores vascos saltaron al terreno de juego exhibiendo una pancarta que reclamaba la oficialidad del combinado.

En diciembre de ese mismo año, la selección jugó por primera vez con la denominación de Euskal Herria, evidenciando así que pretendía representar a todos los territorios vascos, desde Navarra hasta Iparralde, pasando por el País Vasco Norte bajo soberanía francesa y las tres provincias de la Comunidad Autónoma Vasca. Sin embargo, el PNV, que encabezaba el Gobierno autonómico, presionó a la federación para que renunciara a esa denominación en favor de la tradicional de Euskadi, con la que el nacionalismo moderado de los *jeltzales* se sentía mucho más cómodo.

La federación recuperó el nombre de Euskadi en 2008, provocando la reacción contraria de un grupo importante de jugadores, que se negaron a vestir su camiseta si no era bajo la denominación de Euskal Herria y no se daban pasos decididos hacia su plena oficialidad. En 2009, tras un intenso debate, se llegó a una solución de consenso que pasó por bautizar al equipo como Euskal Selekzioa, es decir, Selección Vasca. Con todo, el encuentro previsto para ese año contra Irán no llegó a disputarse, y no fue hasta diciembre de 2010 cuando la selección volvió a jugar en San Mamés, esta vez contra Venezuela.

Esta polémica también provocó que los jugadores partidarios de la denominación de Euskal Herria fueran acusados por distintos sectores políticos y mediáticos de mantener posiciones cercanas a ETA y a la izquierda *abertzale*. La existencia y la actividad de la organización criminal han planeado sobre el fútbol vasco casi desde su nacimiento, en 1959, y en especial desde la extensión de sus acciones armadas a partir de los años setenta.

El atentado contra Luis Carrero Blanco, en diciembre de 1973, fue ampliamente celebrado en las gradas de los equipos vascos. Algunas de las reivindicaciones de la organización, sobre todo las relacionadas con sus presos, han estado siempre presentes en los partidos del combinado nacional, con especial énfasis en los años noventa, en forma de fotografías, pancartas o banderas.

La propia ETA reflexionó en torno al impacto del fútbol sobre el proyecto independentista, afirmando que los éxitos de las selecciones española y francesa servían para integrar al pueblo vasco en estos Estados y contribuían a diluir su identidad. No resulta sorprendente, por tanto, que fuera la izquierda *abertzale* quien dinamizara de manera más activa la reivindicación de la oficialidad para la selección vasca.

Entre las actuaciones que ETA llevó a cabo en el ámbito del fútbol, resulta reveladora la carta que la organización mandó al jugador vasco-francés Bixente Lizarazu, campeón del mundo y de Europa con la selección gala, donde, aparte de reclamarle que financiara la lucha de liberación vasca, le trasladaba una reflexión sobre su papel de cara a las generaciones futuras:

> Tienes influencia sobre muchos jóvenes y, por tanto, cuando juegas con la selección francesa provocas sentimientos encontrados en muchos ciudadanos vascos: por una parte, orgullo y alegría de ver a un deportista del máximo nivel; por la otra, indignación y pena al ver que defiendes unos colores y unas ideas que no son las euskaldunas.

Ya en el siglo XXI, varios jugadores de la selección han apoyado la reivindicación de que los presos de ETA sean trasladados a centros penitenciarios del País Vasco. Esta toma de posición, igual que sucedió en el debate sobre la denominación del combinado, pone en evidencia que muchos futbolistas vascos mantienen un pensamiento cercano a la izquierda *abertzale.*

Más allá de ETA, que hoy ya forma parte de los libros de historia, la selección vasca ha continuado con su actividad. Cabe destacar el partido que la enfrentó a Palestina en noviembre de 2025, que llenó San Mamés en un acto de solidaridad internacionalista con el pueblo de Gaza. Este acto sirvió también para dar un nuevo impulso a la lucha por el reconocimiento oficial de la Euskal Selekzioa, que continúa reivindicándose a pesar de los impedimentos de las autoridades españolas y los organismos federativos internacionales.

El guardián de las esencias vascas

Dejando a un lado la selección, el principal equipo que ha representado las aspiraciones nacionales vascas es el Athletic Club de Bilbao, si bien esta no deja de ser una afirmación controvertida, puesto que resulta difícil atribuirle de manera exclusiva esta función.

Si el Athletic es percibido como el guardián de las esencias vascas, se debe al mantenimiento de la singularidad de competir solo con jugadores nacidos o formados en los territorios de Euskal Herria. Este hecho, de un romanticismo ya casi desaparecido en el fútbol de élite, al que cabe añadir la conservación hasta 2008 de una camiseta limpia de publicidad comercial, ha provocado que el conjunto bilbaíno se ganara a pulso el título de club vasco por excelencia.

Fundado en 1898, el Athletic se registró de manera oficial en el Gobierno Civil de Vizcaya en 1901. En sus orígenes lo integraban jugadores vizcaínos e ingleses, circunstancia que hoy resulta un tanto extraña, pero que se mantuvo durante sus primeros años y que compartió con la Sociedad de Foot-ball de San Sebastián, el antecedente de la actual Real Sociedad, creada en 1909 en la capital guipuzcoana. Corría el año 1911 cuando un jugador extranjero vistió por última vez la camiseta del Athletic. Esta decisión también fue adoptada más tarde por la Real, aunque el club *txuri-urdin* la dejó finalmente a un lado en 1989 —después de casi tres décadas compitiendo solo con canteranos— con el fichaje de John Aldridge.

Durante la dictadura, el Gobierno franquista obligó al Athletic a cambiarse el nombre, alegando que no era español, y le impuso la denominación de Atlético de Bilbao. Con todo, los aficionados vizcaínos continuaron llamándolo Athletic, denominación que la entidad recuperó en 1970.

El club vizcaíno ha mantenido siempre una estrecha relación con el movimiento nacionalista vasco, ya sea con el PNV o con la izquierda *abertzale*. Sirva como ejemplo que varios de sus jugadores han sido también destacados dirigentes de partidos nacionalistas, como el propio lehendakari José Antonio Agirre o dos mandatarios de Herri Batasuna: el primero, el legendario guardameta José Ángel Iribar, quien, como ya se ha mencionado, fue miembro de la primera Mesa Nacional de la formación independentista; y el segundo, Endika Guarrotxena, autor del gol que permitió al Athletic levantar la Copa del Rey de 1984 en una controvertida final contra el Barça de Schuster y Maradona. Guarrotxena accedió a la dirección de HB después de que el juez Baltasar Garzón ordenara el encarcelamiento de sus anteriores miembros en noviembre de 1997, acusados de colaboración con banda armada por ceder los espacios electorales del partido para la difusión de un vídeo en el que ETA formulaba su propuesta de paz.

Las simpatías independentistas de una parte de los aficionados del Athletic son evidentes. En el año 2000, el entonces presidente de la agrupación de peñas Javier Cano fue arrestado por la Guardia Civil bajo la acusación de colaborar con el comando Vizcaya de ETA. A pesar de no ser políticamente homogéneas, algunas de las peñas más populares entre los jóvenes —como Herri Norte Taldea o Abertzale Sur— han mantenido posiciones muy cercanas a la izquierda *abertzale.*

La manera en que el Athletic Club ha tratado la actividad de ETA ha sido motivo recurrente de polémica. Tradicionalmente, el club rechazaba manifestarse sobre sus acciones y atentados, y solo expresó una fuerte condena cuando, el 30 de diciembre de 1985, la banda secuestró al empresario Juan Pedro Guzmán, miembro de la directiva del Athletic, tras un partido de fútbol sala navideño entre periodistas y directivos del equipo vizcaíno.

La única vez que el Athletic Club guardó en San Mamés un minuto de silencio en homenaje a una víctima de un atentado de ETA fue el 9 de marzo de 2008, en memoria del exconcejal socialista Isaías Carrasco, asesinado dos días antes del partido que debía enfrentar al Athletic y al Real Valladolid. El acto duró apenas diez segundos, ya que una parte del público, sobre todo el integrado por miembros de las peñas de jóvenes *abertzales,* lo boicoteó de manera enérgica. Hasta entonces, el club solo había guardado minutos de silencio por la muerte de personalidades estrechamente vinculadas a la entidad.

El homenaje a Isaías Carrasco no se repitió con los atentados cometidos entre marzo de 2008 y octubre de 2011, cuando ETA anunció el cese definitivo de su actividad armada. Esta circunstancia contrasta, por ejemplo, con el homenaje que los jugadores del Athletic Club y de la Real Sociedad brindaron al pediatra y dirigente de Herri Batasuna Santi Brouard, asesinado en un atentado de los GAL el 20 de noviembre de 1984. En esa ocasión, los equipos saltaron al césped de San Mamés con una ikurriña engalanada con un crespón de duelo.

A pesar de la controversia en torno a su relación con ETA y la izquierda *abertzale,* el Athletic se ha reafirmado durante su centenaria historia como el principal club de referencia del País Vasco; como el guardián de sus esencias que, pese a la globalización y mercantilización del fútbol, sigue empeñado en practicar el noble ideal de competir solo con futbolistas originarios de su pequeño territorio.

El ejército de un pueblo sin armas

Durante los cuarenta años de dictadura franquista, igual que había sucedido en el País Vasco con el Athletic, el Fútbol Club Barcelona se convirtió en uno de los principales referentes del nacionalismo catalán, movimiento con el que el club ya había mantenido una estrecha relación durante las décadas previas al auge del fascismo. La prohibición de los partidos políticos y de las organizaciones sociales catalanistas motivó que el Barça diera un paso al frente en ese aspecto. Fue durante este periodo cuando se forjó uno de los eslóganes que mejor definen la idiosincrasia del equipo: el ya mítico *«mès que un club»,* «más que un club».

La frase fue pronunciada por el presidente Narcís de Carreras en su discurso de toma de posesión, celebrado el 17 de enero de 1968. En una línea parecida se expresó sir Bobby Robson, quien, pese a su efímero paso por el banquillo azulgrana, comprendió la dimensión del club hasta el punto de afirmar que «Cataluña es un país y el Barça su ejército. Cada vez que jugábamos en España se convertía en una batalla, ya que representábamos a Cataluña».

El Barça ha paseado orgulloso los colores de la *senyera* allá donde ha competido, pero la identificación entre el club y Cataluña no debe considerarse fruto exclusivo de la represión franquista. Antes del acceso de Franco al poder, la entidad ya había optado por erigirse en uno de los principales referentes del nacionalismo catalán. En 1918, después de que el Barça apoyara la campaña en favor del estatuto de autonomía, el periódico *La Veu de Catalunya* —órgano de prensa de la formación autonomista Lliga Catalana— afirmó sin rodeos: «El Fútbol Club Barcelona ha pasado de ser un club de Cataluña a ser el club de Cataluña».

Este sentimiento se vio ratificado durante la dictadura de Primo de Rivera, que se extendió entre 1923 y 1930, cuando el Barça mantuvo un enfrentamiento abierto con el régimen. Se le prohibió al club tanto el uso del catalán como la participación en la fiesta nacional de Cataluña y, en junio de 1925, se le impuso una sanción que paralizó su actividad durante seis meses, motivada porque el público silbó masivamente el himno español durante un partido amistoso que enfrentó al Barça con el también barcelonés Júpiter en un homenaje al Orfeó Català.

Tras el paréntesis que supuso la Segunda República, el régimen franquista adoptó de nuevo una actitud hostil contra el club catalán. Durante el verano de 1936, pocos días después del levantamiento contra el Gobierno republicano, el presidente del Barça, Josep Sunyol, diputado y destacado dirigente de Esquerra Republicana de Catalunya (ERC), fue asesinado en la sierra de Guadarrama por las tropas sublevadas tras confundirse en la ruta que lo llevaba a visitar el frente de guerra. Su ejecución sumaria, sin juicio y sin ningún tipo de garantías, evidenciaba la animadversión que los facciosos sentían contra un club que más tarde sería calificado de «desafecto al régimen».

Los cambios en el escudo —que eliminaron la *senyera*—, la españolización del nombre y la instauración de una junta directiva fiel al régimen fueron algunas de las consecuencias que conllevó para el Barça la victoria franquista. Estas medidas represivas se alargaron durante toda la dictadura. A nivel deportivo, tuvieron uno de sus momentos más destacados en el fichaje frustrado de Alfredo Di Stéfano, que ya había firmado su contrato con el Barça e incluso llegó a vestirse con la camiseta azulgrana.

Aunque haya pasado el tiempo, la historia contemporánea del Barcelona sigue marcada por esa dimensión que trasciende lo estrictamente deportivo y convierte al equipo en un actor social y político de primer orden. Así lo demuestra, entre otros acontecimientos, el primer acceso a la presidencia de Joan Laporta, en junio de 2003, con un programa abiertamente catalanista que afirmaba que, mientras las selecciones catalanas no gozaran de reconocimiento oficial, el Barça representaría a su país por el mundo.

A diferencia de sus predecesores, Laporta no dudó en asociar el Barça con iniciativas en favor de la lengua catalana o con otras propiamente políticas, como las primeras consultas populares por la independencia, manteniéndose fiel a su afirmación de que «el Barça es portador de la épica más emocionante de la historia, que no es otra que la que guía a los pueblos hacia la libertad».

La dimensión política del Barça también se pone de manifiesto en sus principales rivalidades. A pesar de que la Ciudad Condal fue la cuna de múltiples equipos, la rivalidad local se fue polarizando entre el Barcelona y el Espanyol, el equipo que había nacido en 1900 con la denominación de Sociedad Española de Football luciendo los colores de la bandera estatal. En los años veinte, a raíz de la adhesión del Barça a la campaña en favor de la autonomía catalana impulsada por la Mancomunitat en 1918 —un apoyo que el Espanyol se negó a brindar—, la rivalidad entre ambos clubes se vio notablemente acentuada. El apoyo que los dirigentes españolistas brindaron a la dictadura de Primo de Rivera terminó de perfilar la ideología de ambas entidades. Últimamente, eso sí, las distintas directivas del Espanyol han realizado esfuerzos para catalanizar la imagen del club.

Para los aficionados pericos, el partido contra su vecino culé es el más importante de la temporada. En cambio, para el Barça y sus seguidores —desde la misma creación de la Liga española en 1929—, esa rivalidad entre clubes barceloneses ha perdido fuelle en favor de la que lo enfrenta al Real Madrid. Paradójicamente, el club de la capital fue fundado por los hermanos Padrós, dos empresarios catalanes que buscaron fortuna en la Meseta. El hecho de que los merengues representaran el centralismo español al que se oponía el catalanismo culé acentuó la rivalidad entre ambos equipos, convirtiéndola en una batalla también de naturaleza política que persiste hoy en día.

Una nación, una selección

Si bien el Barça ha capitalizado la representación futbolística de la catalanidad, provocando con ello un cierto malestar entre el resto de clubes del territorio, a finales del siglo XX se desarrolló en Cataluña un movimiento social que reclamaba la oficialidad de su combinado nacional.

La selección catalana de fútbol es una de las más antiguas de Europa: disputó su primer partido el 6 de abril de 1904, enfrentándose a la tripulación del barco británico Cleopatra. Este encuentro fue seguido por otros dos que el combinado disputó, esa misma primavera, contra el Sportsmen's Club y el Espanyol, entonces vigente campeón de la Copa Cataluña. El primer partido con dimensión internacional llegó en 1912, cuando los futbolistas catalanes se enfrentaron a la selección francesa en el estadio de Colombes, en París.

En esa época la selección catalana no tenía una excesiva significación política, lo que llevó a que en 1924 se permitiera un partido amistoso entre Cataluña y España disputado en el estadio de Les Corts, que terminó con una contundente victoria hispánica por 0-7. Ese día, los mejores jugadores catalanes del momento vistieron la camiseta de la selección española.

La intensa actividad que la selección catalana mantuvo durante los años veinte y treinta, en especial durante la etapa republicana, se vio truncada con la llegada de la dictadura, que la redujo a una mera expresión folclórica. El franquismo tenía tan domesticada a la selección «regional» catalana que incluso se aventuró a permitir un combinado catalano-valenciano que, en 1950, se enfrentó al Club Atlético San Lorenzo de Almagro argentino, otra vez en el barcelonés estadio de Les Corts; antes, en 1947, había tenido lugar un nuevo enfrentamiento entre Cataluña y España, que esta vez terminó con victoria catalana por 3-1 en el terreno de juego de Sarrià.

Tras la muerte de Franco, al margen de un partido benéfico celebrado contra Rusia en 1976, Cataluña no volvió a vestirse de corto hasta 1990, cuando jugó contra el Sabadell. En 1993 se reunió para homenajear a Kubala y en 1995 disputó otro encuentro contra el Barça en Tarragona. Esto dio lugar a la curiosa paradoja de que, durante toda la década de los ochenta, la de la recuperación de la autonomía catalana tras el franquismo, la selección no jugó ni un solo partido, a diferencia de lo que había hecho durante los años de la dictadura.

El nacimiento de una nueva selección catalana con voluntad de competir a nivel internacional no tuvo lugar hasta diciembre de 1997, cuando el combinado se enfrentó a Bulgaria en el estadio olímpico de Montjuïc. Ese partido marcó un punto de inflexión en la historia de la selección y, a partir de ese momento, la cuatribarrada pasó a disputar un encuentro anual alrededor del cual se articuló un movimiento popular que, abanderado por la Plataforma ProSelecciones Deportivas Catalanas, reclamaba la oficialidad del equipo nacional. Llegó a recoger más de medio millón de firmas, que fueron entregadas al Parlamento catalán en pleno debate sobre la Ley del Deporte.

Desde ese instante, los partidos de la selección catalana se convirtieron en auténticas manifestaciones independentistas que congregaban a decenas de miles de personas, llegando a su punto álgido en 2002, cuando el combinado llenó el Camp Nou en un partido que lo enfrentó a la selección de Brasil que se proclamaría pentacampeona del mundo en Corea y Japón ese mismo verano.

La fórmula de celebrar uno o dos partidos al año —el máximo que autorizaba la federación española, que en repetidas ocasiones había prohibido la disputa de encuentros programados por la federación catalana— mostró síntomas de agotamiento a finales de la primera década del siglo XXI, tras haber vivido un auge notable que, durante cierto tiempo, convirtió los partidos de la selección en las más grandes manifestaciones independentistas de la época.

Una de las causas de ese desencanto radica en que las posibilidades reales de competir de manera oficial permanecen lejos de materializarse. Esto se acentúa si tenemos en cuenta el precedente del hockey sobre patines, una modalidad en la que Cataluña, tras ser reconocida de manera provisional —e incluso disputar un Mundial B en el que terminó proclamándose campeona en 2004—, vio revocado el proceso fruto de las intensas presiones diplomáticas españolas.

A pesar de que la FIFA ha cerrado sus puertas al reconocimiento de nuevos miembros que no sean Estados independientes, el debate en torno a la oficialidad de la selección continúa vivo en Cataluña, donde los partidarios de la cuatribarrada popularizaron la consigna «Una nación, una selección», con la que reivindican el derecho a participar en competiciones internacionales. El veto gubernamental español ha llegado hasta el punto de cuestionar este eslogan o de llevar ante los tribunales anuncios de la Plataforma ProSelecciones Deportivas Catalanas, hechos que ponen de manifiesto que España no está dispuesta a ceder en una cuestión que considera primordial.

Mientras Cataluña no pueda competir a nivel internacional bajo su bandera, será el Barça quien represente sus anhelos por el mundo. Una circunstancia que todos los independentistas cambiarían por ver su *senyera* ondear orgullosa durante la celebración de una Eurocopa o un Mundial.

Escocia y Gales, dos viejas naciones deportivas

Escocia y Gales son de las pocas excepciones en las que naciones sin Estado participan de forma oficial en las competiciones internacionales. Esta singularidad obedece a la historia del fútbol en ambos territorios, que fueron dos de las cunas de este deporte junto a Inglaterra. Escocia constituyó su federación en 1873 y fue una de las protagonistas del que se considera el primer partido internacional de fútbol, disputado el año anterior ante Inglaterra. Gales, por su parte, formó la suya en 1876 y disputó su primer encuentro internacional ese mismo año ante Escocia.

Cuando poco después se constituyeron tanto la FIFA como la UEFA, Escocia y Gales se integraron a ambas organizaciones como miembros de pleno derecho, igual que Inglaterra e Irlanda, y pudieron, por tanto, competir internacionalmente pese a no ser Estados independientes, requisito que, por aquel entonces, la federación internacional no exigía.

La oficialidad del fútbol escocés contribuyó de manera sustancial al desarrollo de su nacionalismo y a la promoción del país por el mundo. Escocia, que se había integrado en el Reino Unido tras la firma del Acta de Unión en 1707 —un tratado que disolvía su histórico Parlamento—, encontró en el deporte un gran mecanismo de identificación que le permitió mantener viva la llama de su nacionalismo hasta la recuperación de su propio Parlamento después del referéndum celebrado en 1997.

Tradicionalmente, la selección escocesa ha sido la principal representante deportiva de las aspiraciones nacionales del país. Para sus acérrimos aficionados, la gran cita anual era el tradicional partido que las selecciones de Escocia e Inglaterra disputaron entre 1872 y 1989. En varias ocasiones, como fue el caso de la edición de 1977, el encuentro derivaba en una auténtica batalla campal fruto del odio que se profesaban ambas aficiones. Su rivalidad popularizó la consigna ABE, el acrónimo de la frase *«Anyone But England»*, un lema que sus vecinos ingleses replicaron con las iniciales SNP, *«Scotland's Not Playing»*. Estas siglas coinciden con las del independentista Partido Nacional Escocés (Scottish

National Party) y recuerdan que Escocia no jugó la fase final de un Mundial desde finales del siglo XX. Esta situación cambió, sin embargo, con la clasificación del combinado para la Copa Mundial de la FIFA 2026, con sede en Canadá, Estados Unidos y México.

Escocia y Gales compiten con sus propias selecciones en casi todas las disciplinas deportivas, y únicamente no pueden participar bajo su bandera en los Juegos Olímpicos, donde lo hacen como parte del equipo del Reino Unido. Desde la edición de París 1900, el Reino Unido se presentó en las citas olímpicas con un combinado de futbolistas *amateurs,* pero después de los Juegos de Múnich 1972 decidió suspender su participación. La situación solo cambió con la celebración de los Juegos de 2012 en Londres, cuando una selección británica volvió a tomar parte en el torneo olímpico de fútbol. Esta decisión no gustó a los nacionalistas escoceses y galeses, que veían en ese equipo británico una amenaza para la existencia de sus selecciones. El Partido Nacional Escocés manifestó su oposición y reclamó el derecho de Escocia a competir bajo su bandera en los Juegos Olímpicos, petición que fue rechazada por Londres.

Sin un club que se identifique con el nacionalismo escocés —puesto que los principales equipos del país, Rangers y Celtic, representan respectivamente al unionismo británico y a los católicos irlandeses—, es la selección quien asume ese papel, aunque muchos de los clubes pequeños de la liga sí que hacen bandera de su adscripción nacional. Es el caso del Inverness Caledonian Thistle FC, un equipo de las Highlands, donde el nacionalismo está especialmente arraigado, cuyo escudo luce un cardo: la flor nacional, que según la leyenda delató y ahuyentó a los ingleses cuando pretendían asaltar el castillo de Edimburgo.

Como Escocia, el País de Gales también cuenta con una selección que compite a nivel internacional y abandera su causa. La principal diferencia entre galeses y escoceses radica en que, hasta hace relativamente poco, la federación de los dragones no contaba con una liga propia y sus equipos competían en las ligas inglesas. Esta situación cambió en 1992, cuando Gales organizó su primera liga, si bien los principales equipos del país —el Cardiff City y el Swansea City— prefirieron seguir compitiendo en Inglaterra. Esta circunstancia provocó que los equipos que representan a los núcleos urbanos galeses siguieran participando en las ligas inglesas, mientras que la nueva competición local quedó reservada para los pequeños clubes de zonas rurales.

Este suceso se puede explicar porque el nacionalismo galés no cuenta con la fuerza del escocés, como lo demuestra que el principal partido independentista, Plaid Cymru, nunca ha conseguido la mayoría absoluta en el Parlamento —también restaurado tras el referéndum de 1997—. Asimismo, en el caso galés, la devolución de la autonomía ganó por un margen muy estrecho de votos, a diferencia de la amplia mayoría que votó a favor de lo propio en Escocia.

En definitiva, el hecho de contar con selecciones propias les ha permitido generar una conciencia nacional que nos lleva a calificar a Escocia y Gales como auténticas viejas naciones que, sin embargo, son todavía aspirantes a extender a la política el reconocimiento del que gozan en el campo del deporte.

El estandarte de la causa amazigh

El 18 de abril de 2001, la gendarmería argelina arrestó al estudiante Guermah Massinissa en Beni Duala, municipio situado en la región de Cabilia. Tras dos días detenido, el joven murió tiroteado en comisaría. La indignación suscitada por su muerte dio inicio a la conocida como Primavera Negra bereber, una revuelta que llevó a los jóvenes del territorio a atacar los símbolos del Estado al que consideraban asesino y corrupto.

Al grito de *«Ulac smah!»*, «¡No hay perdón!», la población bereber embistió las instituciones estatales, pero también las sedes del Frente de Fuerzas Socialistas (FFS) y del Reagrupamiento para la Cultura y la Democracia (RCD), los partidos políticos que hasta entonces habían abanderado la causa amazigh. Fueron muy pocos los símbolos que respetó esta intifada bereber. Entre ellos destacan la figura del popular cantante local Lounès Matoub y la Juventud Deportiva de la Cabilia (JSK), el club que históricamente había representado a la causa amazigh. Los jóvenes revolucionarios sentían tal apego por el club que, entre las llamas provocadas por los incidentes, alzaban decenas de banderas amarillas y verdes con el escudo del equipo cabilio mientras gritaban «¡JSK al poder!».

El club de Tizi Uzu mostró su consternación ante el alcance de la represión estatal contra la revuelta, que dejó un trágico balance de más de ciento treinta muertos y cerca de diez mil heridos. Ante esta situación, la JSK decidió retirarse de la liga argelina en solidaridad con las víctimas y con las reivindicaciones que provocaron el estallido de la rebelión. A esta decisión se sumó la JSM de Bugía, el segundo club de la región, originario de la Pequeña Cabilia.

El compromiso del club con la causa amazigh llevó a varios periodistas a presentar a la JSK como el auténtico «líder de la revuelta bereber argelina». Desde el momento de su creación en 1946, con Argelia todavía bajo dominación colonial francesa, el club de Tizi Uzu —que había nacido como una iniciativa de la sección local del sindicato francés

Confederación General del Trabajo (CGT), integrada por trabajadores bereberes— se había erigido en el principal representante deportivo de la Cabilia.

La JSK se disputaba esta condición con el club colonial de su misma ciudad, el Olympique de Tizi Uzu, que contaba con un mayor potencial económico y con los privilegios administrativos del régimen, pero con un menor apoyo del público local. No fue hasta 1962, con la independencia de Argelia, cuando la JSK retomó su actividad y empezó a forjar su leyenda deportiva.

Las reclamaciones culturales y lingüísticas amazighs afloraron con la definición de la nueva nación argelina independiente, que se consideraba un Estado árabe y musulmán, menospreciando así la aportación bereber en un territorio clave para la liberación como había sido la Cabilia. En 1963, Hocine Aït Ahmed, uno de los principales dirigentes del Frente de Liberación Nacional con origen bereber —y cuyo nombre ha adoptado el nuevo estadio de la JSK, inaugurado en 2024—, abandonó la organización y creó el FFS, una institución política que tenía como uno de sus principales ejes la lucha por el reconocimiento de la identidad amazigh. El Frente de Fuerzas Socialistas constituido por Aït Ahmed fue ilegalizado por el régimen argelino y tuvo que actuar desde la clandestinidad hasta 1989.

Hechos como este provocaron que la JSK asumiera el papel de representante del berberismo, como muestra el hecho de que sus aficionados convertían las iniciales del club en el eslogan *«Je suis Kabyle»* («Soy cabilio»), al tiempo que en el estadio resonaba el cántico en lengua bereber que rezaba *«N'wa Wighi? Imazighzn!»* («¿Quiénes somos? ¡Los amazighs!»).

Ante el creciente simbolismo berberista que adquiría el club, el presidente Houari Boumédiène, que había accedido al poder en 1965 tras el golpe de Estado contra Ahmed Ben Bella, modificó los nombres tradicionales de los equipos para evitar lo que consideraba una excesiva identificación de determinados equipos con sus regiones. La decisión se tomó tras la final de Copa celebrada en 1977 que enfrentó al Nasr Athletic Hussein Dey, originario de un barrio de Argel, con el club amazigh de la JSK, en la que se produjeron graves incidentes entre seguidores árabes y bereberes. El Gobierno argelino decretó el cambio de nombre del equipo cabilio, que fue rebautizado como Juventud Electrónica de Tizi Uzu, ciudad que ejercía como capital de la región de la Gran Cabilia. Esta denominación perduró hasta 1987, cuando se transformó en Juventud Deportiva de Tizi Uzu (JST), para recuperar en 1989, con la llegada del multipartidismo al país, la denominación original de Juventud Deportiva de la Cabilia (JSK).

A pesar de la voluntad gubernamental, los cambios de nombre no modificaron la dimensión social y política del club en la Cabilia. Más bien al contrario: con el estallido en 1980 de la primera Primavera Amazigh —una revuelta popular que reclamaba el reconocimiento oficial de la lengua y de la cultura bereber—, la JSK acentuó su vertiente berberista y las manifestaciones amazighs pasaron a ser habituales tras los partidos del equipo.

En 1990, ante el auge del islamismo en Argelia, una parte significativa de la afición manifestó su oposición al proyecto árabe-islamista del Frente Islámico de Salvación (FIS). En plena campaña para unas elecciones locales que se saldarían con una abrumadora victoria del FIS, varios aficionados bereberes colgaron una pancarta en el estadio de Orán que rezaba, en francés y en amazigh, «¡Viva la unión del Magreb bereber!». Semejante hecho provocó la furia de Abassi Madani, uno de los principales dirigentes del Frente Islámico, no solo contra los seguidores bereberes de la JSK, sino también contra el fútbol en general.

Durante este periodo convulso, la JSK se convirtió en el principal club del país, forjando un palmarés que le ha llevado a poder presumir de catorce Ligas, cinco Copas de Argelia, dos Ligas de Campeones de África, una Recopa de África y tres Copas de la CAF. Estos títulos hacen que los «canarios», o los «brasileños de África» —como se les conoce por los colores verde y amarillo de su uniforme—, sean el único club argelino incluido entre los diez mejores equipos africanos del siglo XX según la clasificación elaborada por la Confederación Africana de Fútbol.

La gloria deportiva llenaba de alegría a una afición que a nivel político siempre había salido derrotada. O al menos así fue hasta 2016, cuando una reforma constitucional reconoció la lengua amazigh después de que, en 2002, una revisión previa la hubiera considerado lengua nacional, aunque sin gozar todavía de plena oficialidad. Este reconocimiento contribuyó a reconciliar el país con su historia, favoreciendo la construcción de un futuro donde las tradiciones árabe y bereber sean reconocidas por igual en el seno de la Argelia libre. Un futuro donde la Juventud Deportiva de la Cabilia seguirá siendo, sin duda, mucho más que un club, fiel a su historia y a su condición de estandarte de la causa amazigh.

Los Balcanes: guerra sobre el césped

Otro territorio donde el fútbol ha reflejado las tensiones políticas de carácter nacional es la región de los Balcanes y, en especial, el antiguo Estado federal de Yugoslavia. Un país que, con su proceso de desmembramiento, dio lugar al término «balcanización», referido a la separación de un país en distintas comunidades nacionales de forma abrupta y violenta. La antigua Yugoslavia, ahora fragmentada en siete Estados independientes, vivió en la década de los ochenta un proceso de enfrentamientos constantes entre sus comunidades nacionales. Las acérrimas rivalidades futbolísticas fueron uno de sus principales exponentes.

La muerte de Josip Broz «Tito», antiguo presidente y mariscal que había liderado la lucha partisana contra la ocupación nazi en Yugoslavia, así como el principal responsable de que el país se hubiera mantenido unido, desencadenó una ola nacionalista especialmente intensa en Croacia y Serbia, las dos principales repúblicas del Estado federal. El funeral del líder partisano conllevó una muestra generalizada de dolor que, con todo, parecía anunciar el estallido de las tensiones étnicas que iban a derivar en guerras abiertas durante la década de los noventa.

Los estadios de fútbol fueron uno de los principales escaparates de la ola nacionalista que impregnaba casi todos los rincones del país. El Olimpija de Liubliana se estableció como el club de referencia del nacionalismo esloveno; el Dinamo de Zagreb y el Hajduk Split se convirtieron en los estandartes del nacionalismo croata; mientras que el Estrella Roja de Belgrado y, en menor medida, el Partizan —que tenía un carácter más «yugoslavista»— fueron adoptados como enseñas deportivas por el nacionalismo serbio.

Las competiciones yugoslavas de los años ochenta, y los múltiples incidentes que se producían en ellas, eran un fiel reflejo de que la política de «hermandad y unidad» pregonada por Tito desde el final de la Segunda Guerra Mundial se encontraba en horas bajas. Los enfrentamientos entre los nacionalismos croata y serbio, los más potentes desde el punto de vista demográfico y deportivo, marcaron el devenir de Yugoslavia. Y el fútbol fue el terreno en el que se enfrentaron por primera vez de manera abierta.

Hay quien afirma, seguramente de manera un poco exagerada, que las guerras balcánicas empezaron el 13 de mayo de 1990 con el partido que enfrentó al Dinamo de Zagreb con el Estrella Roja de Belgrado en el estadio Maksimir de la capital croata. Durante aquel encuentro, los aficionados radicales de ambos equipos, identificados con las posiciones más extremas de los nacionalismos croata y serbio, protagonizaron una pelea en pleno partido que dejó un balance de más de sesenta heridos graves.

Los seguidores más fanáticos del Dinamo, los Bad Blue Boys (BBB), se identificaban con la política de Franjo Tudjman y de su Unión Democrática Croata (HDZ), la fuerza nacionalista emergente de la época, mientras los ultras del Estrella Roja, los Delije, liderados por el futuro criminal de guerra Željko Ražnatović, abrazaban la causa del nacionalismo serbio más intransigente.

Sin ser el desencadenante de nada, los incidentes vividos en las gradas del estadio Maksimir sí que pueden considerarse un serio aviso de lo que estaba por venir, un preludio de la guerra que posteriormente librarían nacionalistas croatas y serbios tras la proclama independentista de Croacia. Toda la federación yugoslava asistió perpleja a esos incidentes que marcaron el futuro del país, tal como recuerda el memorial situado a las puertas del estadio en homenaje a los aficionados del club muertos en combate durante la guerra:

A LOS SEGUIDORES DEL DINAMO PARA QUIENES LA GUERRA COMENZÓ EL 13 DE MAYO DE 1990 Y TERMINÓ CUANDO ENTREGARON SUS VIDAS EN EL ALTAR DE LA PATRIA.

Los graves incidentes entre aficionados croatas y serbios se repitieron el 26 de septiembre de 1990 en la ciudad también croata de Split, durante un partido que enfrentó al club local, el Hajduk, con el Partizan de Belgrado. En esta ocasión, al margen del choque violento entre las hinchadas, el partido escenificó la muerte de Yugoslavia: durante su disputa, varios aficionados radicales locales saltaron al campo y quemaron la bandera federal del país frente a las cámaras de televisión. Aquellos mismos ultras que se enfrentaban en las gradas de los estadios no tardarían en trasladar su confrontación al campo de batalla.

En 1991, con la proclamación y el posterior reconocimiento internacional de las independencias de Eslovenia y Croacia, la liga yugoslava empezó la temporada sin los clubes de dichas repúblicas, que habían dejado de formar parte de la federación. Paradójicamente, ese mismo año, a las puertas de la disolución de su Estado federal, el fútbol yugoslavo vivía uno de sus momentos más dulces a nivel deportivo. El verano anterior, una selección nacional integrada por jugadores de todos los orígenes étnicos había llegado a los cuartos de final del Mundial celebrado en Italia, donde cayó eliminada en la tanda de penaltis por Argentina, la vigente campeona y a la postre finalista de aquel torneo. Además, en mayo de 1991, el Estrella Roja de Belgrado, con una plantilla en la que destacaba un joven Robert Prosinečki —de ideas abiertamente nacionalistas croatas—, había conseguido el mayor logro de la historia del fútbol yugoslavo al proclamarse campeón de la Copa de Europa tras vencer en la final al Olympique de Marsella.

A pesar de esos éxitos, el fútbol yugoslavo veía cómo los acontecimientos políticos estaban cavando su tumba, impidiendo terminar en condiciones el campeonato de liga de la temporada 1991/92. Con el estallido de la guerra en Bosnia y Herzegovina, los clubes Željezničar de Sarajevo, Velez de Mostar y Sloboda de Tuzla se retiraron sin disputar sus últimos partidos, una medida que también adoptaron el Vardar de Skopje y el Pelister de Bitola macedonios, pues tanto Bosnia como Macedonia habían proclamado su independencia de Yugoslavia en mitad de aquel curso.

Como símbolo de la división en el seno de Bosnia y Herzegovina, considerada una Yugoslavia en miniatura, el Borac de Banja Luka, originario de la zona serbia del país, optó por continuar disputando la liga, evidenciando que la población serbobosnia era contraria a la independencia y prefería seguir formando parte de la federación yugoslava.

En un contexto de gran conflicto, los clubes balcánicos se convirtieron en portavoces exacerbados de las posiciones nacionalistas más extremas en los distintos territorios que habían formado parte de la Yugoslavia socialista y federal. Algunos de ellos vieron cómo incluso se les cambiaba el nombre para servir mejor a la causa de su comunidad.

Sin ir más lejos, Franjo Tudjman, el presidente croata, antiguo oficial del ejército popular yugoslavo que había sido presidente del Partizan de Belgrado, cambió la denominación histórica del Dinamo de Zagreb por la de Građanski, recuperando así el nombre de un club de la capital croata disuelto tras la Segunda Guerra Mundial que había colaborado con los nazis. Un año después lo convirtió en el Croacia de Zagreb, una denominación que, a ojos de Tudjman y de su HDZ, servía mejor a la causa nacionalista que el club abrazaba. Este nombre atribuido al histórico Dinamo tuvo una existencia efímera, entre 1993 y 2000, cuando los aficionados lograron recuperar el apelativo tradicional tras intensas presiones lideradas por los Bad Blue Boys.

Más allá del papel del Dinamo de Zagreb como banderín de enganche del nacionalismo, la importancia del fútbol para la causa croata durante la guerra también se evidenció con la exención a los futbolistas de élite de integrarse en el ejército. Los dirigentes nacionalistas pensaron, seguramente con acierto, que sus mejores jugadores resultaban más útiles pateando un balón que empuñando un fusil.

Fútbol clandestino en Kosovo

Hay quien considera que los conflictos que dieron pie a la disolución de Yugoslavia empezaron y terminaron en Kosovo. Esta provincia autónoma del Estado federal vivía en la permanente contradicción de ser considerada la cuna del nacionalismo serbio, pero contaba al mismo tiempo con una mayoría de población albanesa. Sus anhelos pasaban por el ejercicio del derecho de autodeterminación, que la constitución federal no le concedía, a diferencia de lo que ocurría con las demás repúblicas que formaban Yugoslavia.

Esta situación se manifestaba también en el terreno futbolístico. Un ejemplo de ello son los acontecimientos vividos en la temporada 1989/90, periodo que fue especialmente convulso en Kosovo. El 8 de abril de 1990, la policía intervino con inusitada dureza en un partido de la segunda división yugoslava que enfrentaba al KF Prishtina, el principal club kosovar de la época, con el Proleter de Zrenjanin, un equipo serbio originario de la Voivodina. El encuentro estuvo marcado por la polémica. Los futbolistas locales, considerándose perjudicados por la actuación arbitral, protestaron de tal manera que la policía —en un gesto prácticamente inédito en un recinto deportivo— cargó contra los jugadores, llegando a romperle la pierna al capitán e ídolo local, Gani Llapashtica, que tuvo que ser hospitalizado junto a algunos de sus compañeros. Los silbidos del público contra la actuación policial desencadenaron una batalla campal, preludio del conflicto que marcaría el devenir de Kosovo durante las siguientes décadas. Los insultos contra jugadores y aficionados albaneses eran habituales en los partidos que los clubes kosovares disputaban como visitantes, especialmente en los estadios serbios y montenegrinos.

La supresión de la autonomía de Kosovo decretada por Slobodan Milosevic —y la política de segregación que la siguió— implicó que los principales clubes del país pasaran a estar formados solo por deportistas serbios, y que los equipos y los jugadores albaneses se vieran forzados a la clandestinidad. La propiedad del principal club del país, el KF Prishtina, quedó en manos serbias y pasó a estar presidido por Željko Ražnatović —el ya citado paramilitar ultranacionalista serbio que también lideraba la facción más radical de los ultras del Estrella Roja—, quien convirtió la entidad en un símbolo de la «serbianidad» de Kosovo, vanagloriándose de haber limpiado étnicamente el club de albaneses tal y como desearía hacer con el conjunto de la provincia.

Excluidos del sistema oficial de competición y de sus instalaciones, los albanokosovares no renunciaron a su principal club histórico y crearon otro en paralelo, con el mismo nombre, que compitió clandestinamente en la liga de fútbol que la población local organizó en 1991. Esta singular competición era el reflejo deportivo de la política del Gobierno de la República de Kosovo, proclamada como Estado independiente tras un referéndum celebrado en septiembre de 1991 al margen de la legalidad yugoslava, cuyo resultado solo fue reconocido por la vecina Albania.

Lo más relevante de aquella liga no fue su resultado, sino las condiciones en las que tuvo que disputarse, que convertían la práctica del fútbol en un auténtico acto de desobediencia contra las órdenes que Milosevic pretendía imponer a la población albanesa de Kosovo.

Mientras la ciudadanía serbia era la única que tenía acceso a las instalaciones deportivas y los albanokosovares veían cómo se les prohibía jugar en los principales estadios del país, los equipos de la liga paralela tenían que disputar sus encuentros a escondidas de la policía serbia. Esta no dudaba en interrumpir los partidos para arrestar a jugadores, directivos o espectadores, a los que consideraba una amenaza para el régimen. Varios miembros de esa federación clandestina y de los clubes albanokosovares fueron arrestados y condenados por las autoridades serbias, que les impusieron duras sentencias de cárcel y elevadas sanciones económicas.

Tras seis ediciones, esta competición llegó a su fin al término de la temporada 1997/98 a causa del inicio de los combates entre la policía serbia, el ejército yugoslavo y el también clandestino Ejército de Liberación de Kosovo (UÇK). Muchos de los futbolistas albaneses que participaban en el campeonato, en su mayoría jóvenes en torno a los veinte años, cambiaron el balón por el fusil y se integraron en las filas del UÇK, mientras que otro grupo considerable optó por el camino del exilio ante la creciente represión serbia.

Algunos de aquellos futbolistas clandestinos se convirtieron en mártires de la causa albanesa, lo que les valió el reconocimiento póstumo por parte de sus antiguos clubes. Tal fue el caso de Driton Ahmeti, jugador del KF 2 Korriku de Pristina asesinado en su casa junto con su familia, que se convirtió en el primer futbolista víctima del conflicto. El club decidió retirar la camiseta con el dorsal número 7 a modo de homenaje.

Una situación similar vivieron Perparim Thaçi, jugador del KF Liria de Prizren, y Rexhep Rexhepi, capitán del KF Feronikeli de Drenas, asesinados por las fuerzas serbias, que hoy dan nombre a los estadios de sus respectivos equipos. Como denunció el periodista Driton Latifi, el número de deportistas albanokosovares que resultaron muertos durante el conflicto llega al centenar.

La intervención de la OTAN y el final de la guerra en junio de 1999 comportaron el fin del régimen de segregación que las autoridades serbias habían impuesto durante casi una década. El fútbol kosovar, como sucedió en otros ámbitos de la vida que se habían organizado de manera paralela a las instituciones oficiales, pudo al fin volver a los estadios y retomar sus competiciones.

Tras casi una década de administración internacional tutelada por una misión de las Naciones Unidas, Kosovo declaró su independencia en 2008. Comenzaba entonces otro combate, ahora por la oficialidad de su selección, que se extendió durante una década y terminó en 2016 con la integración de la federación kosovar de fútbol en la UEFA —tras una ajustada votación en la que la federación española fue una de las más beligerantes contra la admisión de su homóloga balcánica—, lo que ha permitido a la selección y a los clubes de Kosovo disputar competiciones internacionales oficiales.

Para esta nación, poder participar en las fases previas de las grandes competiciones ya supone todo un triunfo, aunque a nivel internacional algunos actores todavía se nieguen a reconocerle su condición de Estado independiente. El de Kosovo es el ejemplo de un pueblo que, en apenas un cuarto de siglo, ha pasado de competir en la clandestinidad a defender sus colores en busca de hacerse, algún día, con una plaza en la fase final de un Mundial o una Eurocopa.

La intifada del balón

El conflicto palestino también ha tenido su traducción en el ámbito futbolístico. Como territorio bajo mandato británico entre 1920 y 1948, Palestina desarrolló una intensa pasión por el fútbol, iniciada a principios de siglo cuando la región aún estaba controlada por el Imperio otomano.

En 1928 se constituyó la Asociación de Fútbol de Palestina, que inmediatamente, y bajo el auspicio de la Maccabi World Union, solicitó su ingreso en la FIFA, aprobado el 6 de junio de 1929. A pesar de ser una institución promovida por la comunidad judía —catorce de los quince fundadores pertenecían a este grupo étnico-religioso—, la nueva asociación pretendía guardar las formas y cumplir la normativa de la FIFA, que requería que las selecciones admitidas fueran representativas de toda la población del territorio que administraban. Con este objetivo, la reunión fundacional contó con la presencia de un representante árabe, el árbitro Ibrahim Nusseibeh, originario de Jerusalén, que solo asistió a esa primera sesión, poniendo de manifiesto que la asociación era un proyecto surgido exclusivamente del ámbito judío.

El dominio hebreo en la nueva federación también lo demostraba la composición de su liga, que contaba con nueve clubes judíos y uno británico, el British Police, que fue el campeón de la primera edición. La presencia de equipos árabes se limitaba a las categorías inferiores. Asimismo, la Asociación de Fútbol de Palestina adoptó el hebreo como lengua de comunicación oficial e incorporó simbología judía, reduciendo lo árabe a un papel testimonial. Esta circunstancia contrastaba de manera evidente con la composición demográfica de la zona, donde los árabes musulmanes representaban casi un 75% de la población.

La ínfima presencia árabe parecía destinada a evitar que la FIFA pudiera considerar que la nueva federación, que en hebreo había sido bautizada como «Asociación de Fútbol de la Tierra de Israel», era un proyecto al servicio de la minoría judía. Así lo demuestra también la composición de la selección palestina convocada para una gira de partidos amistosos que disputó en Egipto en 1930. De acuerdo con el plan de los dirigentes, el combinado debía estar formado por nueve británicos y ocho judíos, aunque finalmente se optó por ceder una de las plazas hebreas a un jugador árabe.

Esta selección nacional de Palestina estuvo a punto de participar en el primer Mundial de la historia, celebrado en Uruguay en 1930, que fue la única edición sin fase clasificatoria previa. El equipo llegó a inscribirse en el torneo, pero las autoridades británicas denegaron el permiso para viajar hasta Sudamérica.

El debut de Palestina llegó con la citada serie de amistosos en Egipto. En aquella ocasión, también fueron las autoridades británicas las que determinaron el uniforme del combinado, que, inspirándose en el de la selección inglesa, vistió calzón negro y camiseta blanca, con la diferencia de que en el pecho lucía la inicial P y la inscripción *«Eretz Israel»,* es decir, «Tierra de Israel».

El papel testimonial de los árabes en la nueva federación provocó que, en marzo de 1931, esta comunidad creara un equipo nacional palestino de composición árabe, que debutó en un encuentro ante una representación de estudiantes de la Universidad Americana de Beirut. Tres meses después nacía la Federación Deportiva Árabe de Palestina, y en 1934 todos los clubes árabes abandonaron la Asociación de Fútbol de Palestina para incorporarse a ella, que actuaba completamente al margen de su homóloga judía.

Mientras sucedía todo esto, la selección palestina controlada por la comunidad hebrea disputó su primer partido oficial, correspondiente a la fase clasificatoria para el Mundial de Italia 1934, en el que se enfrentó a Egipto. Con una selección formada solo por jugadores judíos, cayó eliminada después de perder por 7-1 en El Cairo y por 1-4 en Tel Aviv. Algo similar ocurrió en la fase de clasificación para la Copa del Mundo de Francia 1938, cuando esta selección palestina, integrada de nuevo exclusivamente por jugadores judíos, fue eliminada por Grecia tras dos nuevas derrotas: 1-3 en Tel Aviv y 1-0 en Atenas.

La única victoria oficial llegó en 1940, en su último partido, cuando derrotó por 5-1 al combinado nacional del Líbano en Tel Aviv. En los cinco encuentros oficiales que disputó, solo visitieron la camiseta palestina jugadores de confesión judía. Después de la guerra, en 1948, este equipo se transformó en el conjunto nacional del nuevo Estado independiente de Israel. Junto con las incorporaciones de Cisjordania a Jordania y de Gaza a Egipto, estos cambios en el orden mundial supusieron la práctica desaparición de la Federación Deportiva Árabe. Muchos futbolistas palestinos árabes tuvieron que exiliarse para jugar en clubes de países vecinos como el Líbano, Jordania o Siria. El pueblo palestino considera los hechos de 1948 como la *Nakba,* es decir, su «gran catástrofe».

Dos años antes, la Federación Deportiva Árabe había intentado, con el apoyo de las federaciones de Egipto y Líbano, ser reconocida por la FIFA, que rechazó la petición debido a la existencia previa de la Asociación de Fútbol de Palestina, considerada la legítima representante del fútbol palestino según el principal organismo del fútbol mundial.

En la década de los cincuenta, la resistencia palestina creó el embrión de su actual federación de fútbol e impulsó una selección que se estrenó en los Juegos Panarábicos de 1953. Esta estructura se consolidaría en 1964 con la constitución de la Organización para la Liberación de Palestina (OLP), que organizaba actividades deportivas y promovió una selección nacional palestina formada por jugadores árabes.

Al margen de esta selección, el club que mejor representaba los anhelos de la población palestina era el Al-Wehdat, creado en 1956 en el campo de refugiados homónimo, situado en Amán, la capital de Jordania. Este equipo, que Yasir Arafat llegó a considerar «la voz de Palestina», fue, antes del impulso de la selección, el estandarte deportivo de la causa nacional. A partir de los años sesenta compartió esta función con el combinado promocionado por la OLP.

Mientras el Al-Wehdat competía en la liga de Jordania, la selección palestina tuvo la oportunidad de participar por primera en una competición oficial en la Copa Árabe de Naciones de 1966, celebrada en Irak entre el 1 y el 10 de abril. La solidaridad entre países árabes hizo posible que el combinado palestino pudiera participar en el torneo a pesar de no estar reconocido por la FIFA.

Esta misma solidaridad llevó a las federaciones árabes a crear, en 1972, la Copa Palestina de Naciones, un torneo que enfrentaría a las principales selecciones del mundo árabe. La nueva competición era una iniciativa de Saïd al-Sabeh, histórico militante que entonces ejercía la presidencia del Consejo Supremo para el Bienestar de la Juventud Palestina, un organismo integrado en la OLP que promovía, entre otras cuestiones, la práctica deportiva en el seno de su comunidad nacional. Llegaron a celebrarse tres ediciones de esta Copa Palestina, disputadas en el Irak gobernado por el panarabista partido Baaz, en el Túnez de Habib Burguiba y en la Libia de Muamar el Gadafi.

Las apariciones de la selección palestina en este torneo no tenían carácter oficial, puesto que el reconocimiento por parte de la FIFA no llegaría hasta 1995, cuando la Asociación de Fútbol de Palestina fue provisionalmente admitida. Tras un intenso trabajo diplomático, la federación fue aceptada como miembro de pleno derecho en 1998. Estas decisiones alimentaron el deseo de ver también a Palestina reconocida como un Estado independiente.

La admisión en la FIFA permitió que la selección de Palestina participara en la fase de clasificación para el Mundial de Corea y Japón 2002. En su retorno a la escena futbolística oficial, el combinado árabe quedó encuadrado en el grupo 3 de Asia, un hecho que no debería resultar curioso salvo si tenemos en cuenta que su vecino israelí se jugó la clasificación en la zona europea, donde participa fruto de su exclusión de la Confederación Asiática.

La selección palestina acabó en segunda posición, solo superada por Catar, que logró avanzar a la siguiente ronda. Un buen papel, dado que los futbolistas eran en su mayoría *amateurs* y que, debido al cierre de las fronteras por parte de Israel, los jugadores originarios de Cisjordania y de la franja de Gaza solo pudieron entrenar juntos durante una concentración de dos meses en Egipto.

Desde entonces, Palestina ha participado en todas las fases clasificatorias para los Mundiales, pero aún no ha logrado el pleno reconocimiento de su independencia, hoy más amenazada que nunca por la situación que se vive en la franja de Gaza y en Cisjordania. La persistencia del conflicto árabe-israelí también ha salpicado a la selección de fútbol, como prueban todas las ocasiones en que Israel ha intentado boicotearla, hasta el punto de tratar de impedir su participación en la fase previa del Mundial de Alemania 2006, evitando que algunos de los futbolistas palestinos salieran de Gaza para disputar los encuentros.

La convulsa realidad que vive Palestina, sometida de forma sistemática al bloqueo, a la represión y a los constantes ataques del ejécito israelí, supone un grave obstáculo para el desarrollo de su fútbol. Precisamente en la franja de Gaza se encuentra el recinto deportivo más bombardeado del mundo: el Estadio Nacional de Palestina.

Los palestinos de Chile

A pesar de la distancia que separa Palestina de Chile, el país sudamericano alberga una de las mayores comunidades de origen palestino del planeta. La existencia de esta singular diáspora se debe a la persecución que sufrieron los cristianos palestinos —sobre todo ortodoxos y melquitas— durante la dominación otomana.

La comunidad alcanza actualmente el medio millón de personas. Más allá de su volumen demográfico, este grupo tiene un peso importante a nivel económico, ya que controla algunas de las mayores empresas del país, y una notable relevancia a nivel social, que ha permitido que muchos de sus integrantes ocupen cargos importantes en todos los ámbitos, también en el político.

Dejando a un lado la política y la economía, el principal elemento que aglutina y representa a esta comunidad es el Club Deportivo Palestino, la histórica entidad deportiva que se ha erigido en el estandarte de este grupo social.

Fundado en 1920, se convirtió en el primer equipo del planeta en lucir los colores de la bandera del país del que eran originarios sus promotores. En sus inicios, el club vestía una camiseta blanca con ribetes rojos y verdes combinada con pantalones negros. Fue en la década de los cincuenta, en pleno periodo de profesionalización, cuando adoptó la actual indumentaria con franjas verticales que reproducen los colores de la bandera palestina.

La deliberada identificación con Palestina que perseguía el club se tradujo también en la composición de su plantilla, que al comienzo estaba formada solo por jugadores de origen árabe. Con el paso del tiempo, sin embargo, se incorporaron futbolistas chilenos de cualquier ascendencia y extranjeros que aumentaron la competitividad del equipo.

Uno de los grandes hitos en la historia del Palestino llegó en 1952, cuando ascendió por primera vez a la máxima categoría del fútbol chileno, convirtiéndose en un club plenamente profesional. Fue también durante esa década cuando logró el primero de sus grandes éxitos: el título de campeón de Liga, en 1955. Aquel Palestino tenía un gran potencial económico, lo que le valió el sobrenombre popular de «Millonarios», una designación que algunos relacionaban con el papel de la comunidad palestina en la economía chilena.

En 1970, tras casi dos décadas en la máxima categoría, el Palestino descendió a segunda división, aunque consiguió ascender de nuevo al cabo de dos temporadas. En los años setenta, el club vivió una segunda época dorada que lo llevó a conquistar sus dos primeras Copas de Chile, en 1975 y en 1977, y su segundo campeonato de Liga en 1978. Aquel equipo estableció un récord que sigue vigente en el fútbol chileno, al mantenerse invicto durante cuarenta y cuatro jornadas consecutivas, entre 1977 y 1978.

A pesar de los éxitos económicos y deportivos, el equipo siguió vinculado a la comunidad que lo había creado. Los vínculos entre el Club Deportivo Palestino y Palestina se acentuaron a partir de la década de los noventa, sobre todo después de 1998, coincidiendo con la admisión de la federación palestina en la FIFA. Desde entonces, casi una decena de jugadores chilenos han defendido la camiseta del combinado árabe, manifestando el orgullo que supone lucir los colores del país de sus antepasados.

La trágica situación del pueblo palestino pareció afectar también al club chileno, que, en verano de 2004 y recién descendido a segunda, se declaró en quiebra después de que sus dirigentes hubieran acumulado una deuda superior al millón y medio de dólares. El club consiguió rehacerse de la ruina al convertirse en sociedad anónima, aunque esta forma jurídica provocó la pérdida de una parte de su esencia: el Club Deportivo Palestino tuvo por primera vez un presidente que no era de origen árabe. A pesar de ello, el equipo sigue manteniendo la identidad que lo ha definido y logró sobreponerse a la crisis. En 2018 ganó el quinto gran título de su historia: su tercera Copa chilena.

En los últimos años, tanto el club como sus aficionados han protagonizado múltiples muestras de solidaridad con la causa palestina. Entre ellas destaca la acción llevada a cabo durante el Torneo Clausura de la temporada 2013/14, cuando sustituyeron el número 1 en sus camisetas por el mapa de la Palestina histórica. La iniciativa suscitó una intensa polémica que terminó con la prohibición del diseño, otorgándole una mayor repercusión.

Los gestos de solidaridad con Palestina se han acentuado con la reciente escalada del genocidio en la región. Desde 2023, el Club Deportivo Palestino ha saltado al campo vistiendo la kufiya —el tradicional pañuelo palestino—, ha realizado varios minutos de silencio y ha impulsado numerosas campañas de recaudación de fondos para Gaza.

La selección del dalái lama

Otra de las principales naciones sin Estado del continente asiático es la tibetana, bajo control de la República Popular de China desde 1950.

A pesar de la existencia de varios equipos locales y de algunas iniciativas pioneras —como el intento de constituir una selección en el exilio que en 1979 disputó un par de partidos contra Nepal—, el Tíbet no se decidió a promover una selección nacional con una estructura permanente hasta 1997. La idea fue del danés Michael Nybrandt, un apasionado de la cultura y de la nación tibetana, quien se puso manos a la obra para constituir un equipo que, aunque no contara con el reconocimiento de la FIFA y de la Confederación Asiática, representara al territorio como había ocurrido antes con otras naciones sin Estado.

Al cabo de dos años, la selección nacional del Tíbet vio la luz. El proyecto contó con el apoyo de una organización humanitaria danesa y de la Administración Central Tibetana, el Gobierno tibetano en el exilio. La nueva selección se reunió por primera vez en 1999 y estableció como lugar de entrenamiento la ciudad india de Dharamsala, la misma que aún hoy acoge la sede de la Administración Central Tibetana. No fue hasta 2001 cuando el insólito combinado disputó su primer partido internacional.

Nybrandt organizó una gira por Europa en la que los tibetanos se enfrentaron en Copenhague a la selección de Groenlandia. El encuentro representaba el enfrentamiento entre dos territorios sin Estado propio y en lucha por el reconocimiento internacional, motivo por el cual el anuncio provocó una gran polémica: las autoridades chinas presionaron a la FIFA para que anulara la celebración del partido.

El hecho de que la selección de Groenlandia no fuera miembro de la federación internacional imposibilitó que las presiones de Pekín llegaran a buen puerto. No obstante, sí sirvieron para que la FIFA advirtiera a la nación del Ártico de que participar en un partido de tales características podría restarle opciones de cara a una futura admisión. Asimismo, la FIFA prohibió explícitamente a la Unión Danesa de Fútbol la cesión de sus instalaciones.

Nybrandt manifestó que el acontecimiento reunía a «dos Estados que fueron históricamente célebres por su cultura antigua y que comparten el haber sido ocupados por poderes coloniales», confirmando la inequívoca dimensión política del partido. Después de que sus presiones a la FIFA no dieran el resultado esperado, el Gobierno chino amenazó con cancelar todas sus importaciones de gambas de Groenlandia. La derrota de la selección del Tíbet por 4-1 fue lo menos importante en un encuentro que estuvo marcado por la reivindicación nacionalista en las gradas.

Esa primera gira tibetana por Europa siguió con un encuentro ante la selección de Mónaco disputado en Alemania, y debía haberse completado con varios partidos amistosos contra clubes *amateurs* franceses y suizos, pero la negativa de algunos territorios a conceder el visado a los futbolistas tibetanos redujo los planes iniciales. Con todo, la expedición dio un gran impulso al desarrollo del deporte en el país.

Ese mismo año 2001 se constituyó el Comité Nacional Deportivo Tibetano —presidido por Jetsun Pema, la hermana del dalái lama, quien también presidía la recién creada Federación Nacional de Fútbol del Tíbet— con el objetivo de preparar el terreno para que el Tíbet pudiera participar en los Juegos Olímpicos, aunque todavía no ha logrado su admisión en el Comité Olímpico Internacional (COI).

En el plano futbolístico, la federación tibetana impulsó un campeonato nacional bautizado como Galyum Chenmo Memorial Gold Cup, es decir, Copa de Oro Conmemorativa de la Gran Madre, denominación que pretendía homenajear a la progenitora del dalái lama. Esta nueva competición, que retomaba una vieja liga celebrada en la década de los ochenta, agrupaba a los clubes tibetanos existentes, radicados en su mayoría en el exilio indio y nepalí.

Con la creación de un torneo local y el impulso de la selección, el fútbol tibetano pretendía conseguir el reconocimiento internacional al tiempo que daba visibilidad a su causa. El proyecto no ha pasado desapercibido para las autoridades chinas, que durante años han actuado por todos los medios para evitar la oficialización de la selección del Tíbet, conscientes de que su reconocimiento podría ser la antesala de la independencia del país. Pekín, que ya tuvo que aceptar que Hong Kong y Taiwán pudieran participar en las competiciones deportivas oficiales, se ha mostrado inflexible ante la posibilidad de que la historia se repita.

En este contexto hostil, el deporte tibetano, y en especial su fútbol, debe conformarse con participar en competiciones como la Copa de la CONIFA o el Torneo Internacional de Pueblos, Culturas y Tribus, mientras sigue persiguiendo el sueño de conseguir un día la oficialidad. Un sueño que, a ojos de las autoridades chinas, se presenta más bien como una pesadilla.

El fútbol, bandera de la causa nacional corsa

Entre finales del siglo XX y comienzos del XXI, el lema «Nosotros no somos campeones del mundo ni de Europa» se convirtió en una frase recurrente entre los aficionados corsos, en respuesta a la oleada de pasión nacional-futbolística que invadió Francia tras los triunfos de su selección en el Mundial de 1998 y en la Eurocopa de 2000. Esta oleada no se manifestó con tanta intensidad en Córcega; más bien todo lo contrario, ya que sus ciudadanos siempre se habían alegrado de las debacles francesas.

El ejemplo más llamativo lo encontramos en la derrota de Francia ante Bulgaria en el partido de clasificación para el Mundial de 1994, el 17 de noviembre de 1993 en el Parque de los Príncipes de París, que a la postre dejó fuera de la fase final a la selección gala. A la mañana siguiente aparecieron pintadas en distintas localidades de Córcega dando las gracias a Bulgaria y a Emil Kostadinov, autor del agónico gol que, en el último minuto, eliminó a los *bleus*. A modo de curiosidad, ese verano Kostadinov llegaría cedido al Deportivo de La Coruña, que venía de quedarse a las puertas de ganar la Liga tras el célebre penalti fallado por Miroslav Djukic.

Con todo, lo que realmente desearían los aficionados corsos es ver competir de manera oficial a su propia selección nacional.

La trayectoria de la selección de Córcega se remonta a comienzos de los años sesenta. El combinado disputó su primer encuentro en 1962, en Ajaccio y ante el Niza, con el objetivo de recaudar fondos para los familiares de las víctimas de la catástrofe aérea de Monte Renoso. Esta primera experiencia se repitió pocos meses después, en Marsella, en un encuentro que los enfrentó al entonces poderoso Stade de Reims, frente al que lograron un meritorio empate.

Pese a esos dos partidos iniciales, la selección corsa no tuvo continuidad. El combinado de la *testa mora* no jugó su siguiente encuentro hasta cuatro años más tarde, cuando escribiría la página más brillante de su breve historia futbolística.

En esa ocasión, los dirigentes de la Federación Francesa de Fútbol acordaron prepararse para afrontar retos mayores disputando una serie de partidos amistosos contra varias selecciones «regionales», entre las que también se encontraban los combinados de Alsacia y Bretaña.

En el primero de esos partidos los *bleus* se midieron a Córcega, que logró un resultado histórico al derrotar a Francia por un humillante 0-2 en el Vélodrome de Marsella. La afrenta sufrida por los galos resultó aún más evidente cuando, pocos días después del partido, los dirigentes de la federación francesa anularon el resto de los encuentros previstos para esa gira.

Sin embargo, el éxito de la selección corsa no propició que el equipo pudiera exhibirse más a menudo sobre los terrenos de juego. Córcega no volvió a vestirse de corto hasta 1970, cuando disputó un partido ante el Sporting Club de Bastia en el estadio de Furiani. Tras este encuentro, el combinado tardó casi dos décadas en volver al verde.

En 1991, una nueva iniciativa permitió que la selección de Córcega retomara sus andanzas. Fue en Ajaccio, en un partido que la enfrentó al Montpellier y que terminó con empate a tres. Aquel encuentro fue organizado por el periódico nacionalista *Paese,* vinculado al Movimiento para la Autodeterminación (MPA), que pretendía reivindicar la existencia del equipo nacional corso.

Tras otro encuentro solidario en 1992, al año siguiente *Paese* organizó en Ajaccio un torneo internacional en el que participaron la selección de Córcega, el Servette de Ginebra, el NK Zagreb croata y el AS Monaco. A nivel deportivo, la competición no dejó un gran sabor de boca entre el público local, que vio cómo sus futbolistas caían ante el Servette y ante el NK Zagreb. No obstante, desde el punto de vista social y político, el evento sirvió de nuevo para reivindicar la existencia y la oficialidad de la selección.

La actividad de la selección corsa se ha mantenido intermitente hasta nuestros días, aunque su actuación más destacada llegó en 2018, cuando la Asamblea de Córcega adoptó una resolución favorable a la adhesión de su selección a la FIFA. Sin embargo, la medida no tuvo recorrido debido a la oposición de la federación francesa y a los estrictos requerimientos del máximo organismo del fútbol mundial.

Al margen de la selección, Córcega cuenta con dos clubes que han representado sus aspiraciones nacionales: el Sporting Club de Bastia y el Athletic Club de Ajaccio, dos equipos que lucen la *testa mora* en su escudo.

De ellos, el que cuenta con mayor tradición es el Bastia, estrechamente vinculado al movimiento independentista local. Cuando en 1978 llegó a la final de la Copa de la UEFA, en la que cayó ante el PSV Eindhoven, había convertido sus partidos en la competición europea en auténticos actos de exaltación nacionalista; apenas habían pasado tres años desde los «hechos de Aleria», un enfrentamiento entre nacionalistas corsos y franceses que dio pie a la creación del Frente de Liberación Nacional de Córcega (FLNC), la organización armada de la isla.

En 1981, el Bastia logró el mayor éxito de su historia al proclamarse campeón de la Copa de Francia. Ya había estado cerca de lograrlo en 1972, cuando llegó a la final y la perdió contra el Olympique de Marsella. Este hecho se repetiría en 2002, cuando volvieron a quedarse a las puertas del título, esta vez ante el Lorient. En esa final, los seguidores llegados de la isla mediterránea silbaron masivamente *La Marsellesa,* provocando la indignación del presidente Jacques Chirac, que terminó retirándose del palco.

El otro gran club de la isla es el Athletic Club Ajaccio, que, pese a mantener una intensa rivalidad deportiva con su vecino, también se caracteriza por sus posiciones políticas de carácter nacionalista. En 2008, el histórico militante Alain Orsoni, que participó activamente en los «hechos de Aleria» del lado corso, asumió la presidencia del club. Orsoni también había sido un destacado dirigente del Movimiento para la Autodeterminación, escindido en 1990 de la Cuncolta Naziunalista, en una partición del movimiento independentista corso que había afectado también al FLNC, dividido desde entonces en diversas facciones.

Un combate bretón

A comienzos de los años ochenta coincidieron un cierto resurgimiento del sentimiento bretón y una magnífica generación de jugadores originarios de la Bretaña, lo que reavivó el debate sobre la creación de una selección que representara a esta histórica nación sin Estado.

Ya en 1972, el FC Lorient, uno de los principales clubes del territorio, había intentado organizar un partido que enfrentara a la selección de Bretaña con la de Escocia en el marco del Festival Intercéltico, una de las mayores iniciativas culturales que se celebran en la región. Sin embargo, la falta de colaboración de los clubes franceses, que no vieron con buenos ojos la cesión de sus jugadores justo antes del inicio de la temporada, hizo que finalmente el evento quedara reducido a un encuentro entre un combinado formado por integrantes del Lorient, reforzado con otros jugadores bretones, y el Falkirk escocés, equipo que entonces entrenaba un tal Alex Ferguson.

El proyecto de poner en marcha una selección bretona, impulsado una década después, volvió a topar con circunstancias adversas que le impidieron concretarse. La federación francesa lo impidió con el temor de que los independentistas bretones, pese a ser una causa minoritaria, pudieran utilizar el fútbol para hacer proselitismo. En 1983, uno de los principales futbolistas bretones de la época, el portero Pierrick Hiard, declaró sobre la posible creación de una selección de su tierra:

> La defensa de la identidad regional en el deporte es algo excelente y la idea de una selección de Bretaña suena realmente atractiva. Este equipo, con partidos amistosos al terminar la temporada, podría convertirse en un buen instrumento de propaganda para el fútbol. Pero no debería ser un vector político, filosófico o social.

La selección de la Bretaña solo disputó un partido en los años ochenta, cuando se enfrentó a Estados Unidos en Brest, en un encuentro que terminó con victoria bretona por 6-2.

El freno francés a la iniciativa motivó que los aficionados tuvieran que refugiarse en los clubes locales, entre los que destacaban el Nantes, el Stade Brestois, el Stade Rennais, el Lorient o el En Avant de Guingamp. El modelo centralizado del Estado se reflejaba también en el fútbol y, en consecuencia, un territorio como la Bretaña no tenía estructuras propias y solo contaba con la Ligue de Bretagne de Football, sección local de la federación nacional, que se encargaba de organizar el fútbol base en el territorio.

Para paliar esta carencia, en julio de 1997 se creó la Asociación de Fútbol de Bretaña (BFA), una entidad que actuaba por cuenta propia y que tenía como objetivo la puesta en marcha de una selección nacional bretona con carácter estable. A la federación francesa no le hizo demasiada gracia y estableció, como condición para colaborar, que el equipo de la Bretaña no pudiera contar con los futbolistas bretones seleccionados con Francia y que no disputara sus partidos coincidiendo con los del conjunto nacional.

La primera cita de esta selección tuvo lugar el 20 de mayo de 1998 en Rennes, cuando Bretaña se enfrentó a Camerún, que preparaba su inminente participación en el Mundial organizado por Francia. Antes del partido, retransmitido por Canal+, Gérard Russo y Fanch Gaume, presidente y secretario general de la BFA respectivamente, expusieron el objetivo inmediato de la nueva selección bretona: «Lo ideal sería organizar un partido como este cada año, como sucede en el Estado español con las selecciones del País Vasco o de Cataluña». El encuentro no decepcionó a nadie, reuniendo a unos siete mil espectadores en el campo del Stade Rennais que disfrutaron tanto de un empate frente a una selección mundialista como de un acto de reivindicación nacional.

Sin embargo, tras los éxitos en el Mundial de 1998 y la Eurocopa de 2000, la federación francesa cortó las alas a iniciativas como la de la BFA. El proyecto de disputar como mínimo un partido anual, coincidiendo con la concesión del Trisquel de Oro —el galardón que reconoce al mejor futbolista bretón del año—, se vio interrumpido hasta 2001, cuando el equipo anunció su reaparición en un partido amistoso que debía enfrentarlo a la selección de Cuba.

En esta ocasión, la respuesta francesa fue aún más hostil. A pesar de haber autorizado el encuentro, como atestiguaba la presencia del logotipo oficial de la FFF en las entradas, el máximo organismo estatal optó finalmente por prohibirlo y comunicó la decisión de la manera más fría posible: a través de un fax enviado por su director general, Gérard Enault, a los organizadores del partido. La prohibición suscitó la reacción de muchas personalidades, entre ellas la del bretón Patrick Lay, director del canal de televisión TFI, o la de varios cargos del Ministerio de Deportes. Ninguno de ellos logró, sin embargo, que la decisión fuera revocada. En su lugar, el Stade Rennais se ofreció como rival de la selección cubana para así evitar la suspensión de lo que se había presentado como una fiesta del fútbol bretón.

La selección bretona reapareció en 2008 para jugar un partido contra la República del Congo. A partir de entonces, disputó torneos amistosos de manera esporádica hasta 2013, cuando participó en su último encuentro hasta la fecha ante la selección de Malí, en un acto organizado para recaudar fondos en favor de causas humanitarias.

Ante la ausencia de una selección, los aficionados bretones se refugian en los éxitos de los clubes locales, con los que el movimiento nacionalista siente una especial identificación. Una prueba de ello se vio en la final de la Copa de Francia de 2002, ya relatada en el capítulo anterior, cuando el Lorient se enfrentó al Bastia corso en Saint-Denis. Entre los seguidores bretones que se desplazaron a París se encontraban numerosos militantes de la formación independentista y de izquierdas Emgann, así como de la Coordinación Antirepresiva de la Bretaña (CAR), que pretendían hacer sentir en la capital sus reivindicaciones soberanistas y en favor de la liberación de los presos políticos bretones.

La CAR había llegado incluso a solicitar a la federación francesa que, antes de la final, sonaran los himnos bretón y corso en lugar de *La Marsellesa.* Naturalmente, la petición fue ignorada y, en su lugar, los seguidores de ambos equipos profirieron la sonora pitada que provocó que Chirac abandonara indignado la tribuna.

El triunfo del Lorient revivió el orgullo futbolístico bretón, alimentado por dos nuevos éxitos: en 2009 y en 2014, el En Avant de Guingamp y el Stade Rennais alcanzaron la final de Copa. Ambos encuentros se saldaron con la victoria de los primeros en lo que fueron dos fiestas del fútbol y la cultura bretona. Incluso *L'Équipe* fue especialmente rebautizado con el nombre bretón *Ar Skipailh* en su edición del día del partido: en 2009, la portada lucía el titular «Festival intercéltico», y en 2014 rezaba «Festival bretón».

En 2019, el Stade Rennais pudo resarcirse de esas dos derrotas ganando la Copa ante el Paris Saint-Germain en una final que se resolvió en la tanda de penaltis. El fútbol bretón conseguía así un nuevo éxito al que cabe añadir la clasificación para la Liga de Campeones del propio Stade Rennais, logro que también ha conseguido el Stade Brestois 29.

Más allá de los éxitos de sus clubes, el movimiento nacionalista bretón sigue reivindicando su derecho a la plena soberanía y, en consecuencia, a tener una selección que pueda participar de manera oficial en las competiciones deportivas internacionales.

CONTRA EL FASCISMO Y EL RACISMO

El potencial del fútbol tampoco pasó desapercibido a ojos de los padres del fascismo, que lo utilizaron al servicio de su causa. La instrumentalización de los grandes acontecimientos deportivos, siempre asociada a los delirios de grandeza de los dictadores, fue una estrategia recurrente en regímenes como los de Benito Mussolini, Adolf Hitler, Francisco Franco o Augusto Pinochet, quienes se sirvieron de los éxitos de selecciones y clubes para romper su aislamiento internacional, presumir de orgullo nacional o, en todo caso, legitimar su poder y transmitir su discurso.

Con todo, también es cierto que el deporte rey ha servido en muchas ocasiones para combatir las ideas fascistas y mostrar al mundo un rechazo a las mismas. Esta circunstancia se manifiesta igualmente si hablamos de racismo: así como el fútbol ha sido y es escenario de múltiples manifestaciones de carácter discriminatorio, también ha servido para amplificar mensajes a favor de la igualdad de derechos.

Los gritos racistas que todavía se oyen en muchos estadios son una prueba de que la segregación persiste, pese a que paradójicamente apenas exista un solo club en la élite que no refleje en su plantilla la diversidad humana. Sea como fuere, el racismo que por desgracia puede verse en los estadios tiene a menudo un componente tan irracional que hace que esa misma persona que profiere insultos contra un determinado jugador rival enloquezca de alegría cuando quien anota el gol es un futbolista de su equipo con la misma procedencia.

Más allá del tópico que sitúa el fútbol como un deporte que ha sido altavoz para la difusión de ideas fascistas y racistas, las historias que descubriremos a continuación pretenden poner en evidencia que el deporte rey también ha sido una herramienta en la lucha contra el autoritarismo y la segregación, y que ha reivindicado la igualdad de derechos entre las personas independientemente de su origen, sus creencias religiosas o su etnia.

Del Mundial de Mussolini al del Frente Popular

El 10 de junio de 1934, todos los ojos estaban puestos en Roma. Concretamente, en el Estadio Nacional del Partido Nacional Fascista, un recinto deportivo que había sido construido en 1911 para conmemorar el quincuagésimo aniversario de la unificación italiana y que Mussolini rebautizó. Aquella tarde, el estadio acogía la final de la segunda Copa del Mundo organizada por la FIFA, que enfrentaba a Italia, la anfitriona, y a la selección de Checoslovaquia.

Cuando se escucharon las primeras notas del himno italiano, sus jugadores levantaron el brazo para hacer la salutación fascista mientras el Duce, que había organizado la cita para vivir momentos como ese, era aclamado por los más de cincuenta mil espectadores que llenaban el recinto. Ya lo había anunciado el presidente de la federación italiana de fútbol, el lugarteniente general de la Milicia fascista Giorgio Vaccaro, cuando afirmó que la finalidad última del acontecimiento era «mostrar al mundo cuál era el ideal fascista del deporte».

El triunfo de la *squadra azzurra*, que derrotó a los checoslovacos por 2-1 y se proclamó campeona del mundo por primera vez en su historia, representó la culminación de un torneo que había servido para exaltar al fascismo. El éxito local reforzaba además esa presunta «evidencia incontestable» de la superioridad transalpina. Esta imagen no era difícil de imaginar en 1932, cuando la FIFA concedió la organización del segundo Mundial a la Italia fascista, donde Mussolini gobernaba desde que, diez años antes, había protagonizado la famosa Marcha sobre Roma.

Todo lo que tuvo que ver con la organización del Mundial respondía a esa misma finalidad. Uno de los carteles oficiales mostraba a un futbolista haciendo el saludo fascista, y los estadios fueron bautizados con nombres como Partido Nacional Fascista en Roma, Benito Mussolini en Turín, Littorio en Trieste o Littoriale en Bolonia. Estos últimos hacían referencia al símbolo fascista por excelencia, el *fascio littorio* romano. La organización añadió además un nuevo trofeo destinado a la selección ganadora, la Coppa del Duce, de un tamaño infinitamente superior al de la Copa Jules Rimet que la FIFA entregaba al campeón.

La selección italiana terminó levantando ambas copas, aunque lo hizo con alguna ayuda extradeportiva. En los cuartos de final, Italia se enfrentó a la selección de la España republicana —por aquel entonces una enemiga acérrima de Mussolini— en un partido que terminó 1-1. Esta circunstancia provocó la disputa de un encuentro de desempate que los italianos ganaron por la mínima (1-0), obteniendo así el billete para la semifinal. El polémico arbitraje en ambos partidos hizo pensar que el Duce había movido todos los hilos posibles para evitar una derrota transalpina. En el primer encuentro, las decisiones del colegiado suizo Louis Baert fueron tan clamorosamente favorables a la selección local que la federación suiza decidió retirarle la licencia, a la vez que algunos de sus compañeros solicitaban, avergonzados, la baja federativa.

La *squadra azzurra* no solo se convirtió en la mejor selección del mundo, sino también en el símbolo de una nación «sana y regenerada» que escenificaba el éxito del régimen de Mussolini. En ese primer enfrentamiento internacional cargado de elementos ideológicos, el fascismo salió vencedor en todos los frentes, aunque el fútbol de carácter antifascista tendría la oportunidad de vengarse en 1938, durante el siguiente Mundial, celebrado en la Francia del Frente Popular. Esta coalición era un referente para las posiciones políticas antifascistas y de izquierdas de la época.

En agosto de 1936, la FIFA acordó designar a Francia como sede de la tercera edición de la Copa del Mundo. El país se hallaba inmerso en un importante proceso de transformación social iniciado en mayo con la victoria del Frente Popular. El acceso al poder de esta coalición izquierdista desató un fervor revolucionario que fue acompañado por la adopción de medidas políticas como la reducción de la jornada laboral, la instauración de las vacaciones pagadas, el aumento de los salarios o la nacionalización de algunos sectores estratégicos.

El contexto político era aún más complicado que el que se había vivido cuatro años antes en Italia. Europa estaba a las puertas de la Segunda Guerra Mundial y ese clima de alta tensión tuvo su traducción en la cita mundialista, a la que España no concurrió por causa de la Guerra Civil, que aún estaba en curso. Tampoco participó la selección de Austria, que había dejado de ser un país independiente tras ser anexionada al Tercer Reich.

Austria perdió su plaza y vio cómo sus mejores jugadores se incorporaban a una selección alemana que, mientras tanto, excluía a los futbolistas judíos. Al aceptar que Alemania participara en estas condiciones en el Mundial de 1938, la FIFA legitimó la anexión de Austria y la política agresiva, racista y antisemita del régimen nazi.

El clima político provocó que los partidos disputados por las selecciones de Italia y Alemania fueran especialmente tensos, dada la reacción hostil del público francés, de marcada tendencia antifascista. La *squadra azzurra*, que debutó contra Noruega en Marsella, fue silbada por los espectadores galos cuando hizo el saludo romano, igual que le sucedió a la selección de la Alemania nazi en su estreno ante Suiza en octavos de final. Los seguidores franceses animaron sin cesar a una Suiza que, en el partido de desempate, fue capaz de remontar un 0-2 adverso y de terminar ganando por 4-2, provocando el delirio de los veinte mil aficionados que se congregaron en el Parque de los Príncipes, que celebraron entusiasmados la eliminación de la selección del Tercer Reich.

El calendario hizo que Francia se enfrentase a Italia en los cuartos de final, en lo que se recuerda como uno de los partidos de fútbol con mayor carga política de la historia. En los días previos al encuentro se desarrollaron numerosas manifestaciones antifascistas en varios puntos del territorio francés, incentivadas por el Frente Popular y por el Partido Comunista.

Al inicio de este tenso encuentro, celebrado el 12 de junio de 1938 en un estadio olímpico de Colombes lleno hasta la bandera con casi sesenta mil espectadores, la selección *azzurra,* que volvió a realizar la salutación fascista en los prolegómenos, fue insultada masivamente. La victoria italiana por 1-3 exacerbó aún más los ánimos y provocó varios incidentes al término del partido. La derrota francesa tenía un añadido histórico, puesto que era la primera vez que una selección anfitriona caía eliminada en su propio Mundial, un hecho que acentuó el odio que el público local manifestaba contra los jugadores italianos.

Desde Roma, el encuentro se vivió de manera completamente distinta. El régimen interpretó que su país había resultado vencedor de un enfrentamiento entre el fascismo italiano y el antifascismo francés, algo que, a ojos de Mussolini, volvía a legitimar el poder fascista y certificaba la superioridad de su ideología. Después de derrotar a Francia en cuartos de final, la *squadra azzurra* hizo lo propio con Brasil en semifinales, logrando el billete para la final que disputó ante Hungría, de nuevo en Colombes.

Las gradas del estadio parisino se llenaron para ver la final, aunque no tanto como lo habían hecho para el histórico Francia-Italia, y los espectadores galos animaron a Hungría como si se tratara de la misma Francia. El Duce, consciente de que el público francés se volcaría con sus adversarios, apeló al espíritu guerrero de sus jugadores y convirtió la final de ese Mundial de 1938 en una cuestión de honor para la nación italiana, como ya había hecho en la edición de 1934. Antes del partido, Mussolini envió un telegrama a sus futbolistas en el que podían leerse tres palabras: «VENCER O MORIR». Al terminar el encuentro, que se saldó con victoria italiana por 4-2, el seleccionador Vittorio Pozzo afirmó que «había salvado la vida a once hombres».

Los partidos que durante aquellos convulsos años treinta enfrentaban a selecciones y clubes europeos contra la selección italiana o equipos transalpinos estuvieron cargados de simbolismo político. Sirva como ejemplo el encuentro entre Austria e Italia disputado en Viena en 1937, ante el cual el ilegalizado

Partido Comunista austriaco llamó a manifestarse contra el fascismo, en unas movilizaciones que fueron duramente reprimidas por la policía del gobierno autoritario del canciller Kurt Schuschnigg. Con todo, pese a la existencia de esta dimensión antifascista del fútbol europeo, la selección de la Italia fascista se erigió en la potencia hegemónica de la década.

Fútbol republicano contra fútbol fascista

El golpe de Estado del 18 de julio de 1936 tuvo importantes repercusiones en el fútbol que se practicaba en España. Aunque el inicio de la guerra cogió a buena parte de los futbolistas y directivos de vacaciones, el deporte rey no tardó en verse afectado.

El estallido de la guerra como consecuencia del fracaso del golpe provocó la suspensión de las competiciones futbolísticas de ámbito estatal: el campeonato de Liga y la Copa del Presidente de la República. Esta cancelación provocó que en muchas regiones, sobre todo en las más afectadas por los combates, se dejara de practicar el fútbol de manera regular, mientras que otros territorios se apresuraban a organizar sus propios campeonatos.

En el País Vasco, los clubes vizcaínos crearon algunos torneos en aquellos territorios que habían quedado bajo control republicano. Con todo, su impacto fue limitado debido a la movilización y al exilio de muchos jugadores, en especial de los integrantes de la selección de Euzkadi, que, como vimos en otro capítulo, optaron por quedarse a jugar en México.

En Cataluña, el Comisariado de Educació Física i Esports de la Generalitat impulsó la disputa del Campeonato de Cataluña, una competición histórica que ya se celebraba antes del inicio de la guerra y que durante el conflicto se disputó en dos ocasiones, durante las temporadas 1936/37 y 1937/38, saldándose la primera con triunfo del Espanyol y la segunda con victoria del Barça.

De entre las competiciones disputadas durante la guerra cabe destacar la Liga Mediterránea, que se celebró en 1937 y agrupó a los equipos de Cataluña y del País Valenciano en lo que pretendía ser una liga alternativa. Contó con la participación de los cuatro clubes mejor clasificados de Cataluña y de la Liga de Levante, a la que estaban afiliados los equipos del País Valenciano y de Murcia. Con todo, el Hércules alicantino, el Murcia y el Cartagena no pudieron participar a causa de los bombardeos de la aviación fascista. La única edición de esa Liga Mediterránea terminó con victoria del Barça, que sigue reivindicando que dicho título le sea oficialmente reconocido.

Los cuatro mejores clasificados de esa competición consiguieron una plaza para la Copa de la España Libre, otro de los torneos organizados en territorio republicano durante la contienda. Esta Copa terminó con victoria del Levante, que había ocupado la plaza que el Barça dejó libre tras renunciar a su participación, ya que se hallaba realizando una gira por México y Estados Unidos con el objetivo de recabar apoyos para la causa republicana.

Aunque la federación española ya ha reconocido el título logrado por el Levante, durante muchas décadas esa victoria de los granotas no fue oficialmente reconocida, puesto que las nuevas autoridades franquistas decretaron la anulación de todos los títulos obtenidos en competiciones organizadas durante la contienda civil.

En plena guerra, el bando fascista, ya con Franco a la cabeza, promovió la creación de una estructura futbolística que sustituyera a la Federación Española de Fútbol (FEF), que se encontraba bajo control republicano. En octubre de 1937 nació la Federación Nacional Española de Fútbol (FNEF), presidida por el coronel Julián Troncoso, organismo que pretendía ejercer el control sobre el fútbol español en territorio controlado por los sublevados.

Una de sus primeras decisiones fue solicitar su reconocimiento a la FIFA, que admitió la existencia de dos federaciones: una en territorio republicano, con sede en Barcelona, y otra en la zona bajo control franquista, radicada en San Sebastián. Con esta salomónica decisión, que contradecía el principio de reconocer una única federación por país, la FIFA ponía en evidencia que la comunidad internacional no tendría problema en aceptar a los representantes del fascismo en caso de que estos ganaran la guerra.

A diferencia de la FEF republicana, la FNEF fascista fue incapaz de estructurar un campeonato de fútbol en la zona que controlaba, y su mayor hito logístico fue la disputa de dos partidos internacionales de la selección española ante Portugal, que por aquel entonces vivía bajo la dictadura de Salazar. Estos dos encuentros se celebraron en noviembre de 1937 en el estadio de Balaídos y en enero de 1938 en Lisboa. Pese a las dos victorias lusas, ambas citas se convirtieron en verdaderos actos de exaltación fascista.

Con la victoria bélica de las fuerzas nacionales, la FNEF desapareció para tomar el control de la histórica Federación Española de Fútbol. Esta nueva FEF franquista, que trasladó su sede a Madrid y contó con el reconocimiento internacional de la FIFA, fue la responsable de organizar el fútbol hispano bajo el nuevo régimen.

Una de sus decisiones inaugurales fue la creación de la Copa del Generalísimo, la primera competición organizada de manera oficial en España tras la guerra. El trofeo de su primera edición terminó en las vitrinas del Sevilla, que se impuso al Racing de Ferrol en una final disputada en el estadio olímpico de Montjuïc. Este recinto tenía que haber sido el escenario de la Olimpiada Popular de Barcelona de 1936 que fue cancelada por el alzamiento, y *a posteriori* también tuvo que sufrir la vergüenza de convertirse en el escenario de un acto de exaltación fascista.

En la temporada 1939/40 la FEF retomó la celebración del campeonato de Liga, y en 1941 la selección española volvió a disputar encuentros internacionales. Los dos primeros fueron, de nuevo, frente a Portugal, en enero y en marzo de aquel año.

El ejemplo del fútbol vuelve a demostrar los escasos reparos que tuvo la comunidad internacional en reconocer y legitimar el fascismo español a través, en este caso, de sus instituciones deportivas. El fútbol republicano había hecho gala de su antifascismo, pero la derrota de las fuerzas leales a la República abrió las puertas a un fútbol que, igual que hizo Mussolini en Italia, no dudó en utilizarse como instrumento propagandístico de la dictadura.

Goles contra Hitler

Las ambiciones territoriales del Tercer Reich vivieron uno de sus momentos álgidos con el *Anschluss,* es decir, la anexión de Austria a Alemania que tuvo lugar el 12 de marzo de 1938. Este proceso comportó la disolución de las instituciones austriacas, entre ellas la federación de fútbol. El hecho de que el fútbol austriaco quedara bajo control de la federación alemana conllevó la desaparición de su selección, así como de las competiciones del país. A efectos políticos y futbolísticos,

Austria dejó de existir como Estado independiente. Sus principales jugadores se integraron en la selección de Alemania, mientras que los clubes locales pasaron a competir en las ligas organizadas por la federación germánica.

El 3 de abril de 1938, tres semanas después del *Anschluss,* el estadio del Prater de Viena acogió el último partido de Austria. Ese singular encuentro enfrentó a la selección local contra Alemania y, contra todo pronóstico, terminó con victoria austriaca por 2-0. Ante la presencia de las autoridades nazis y de sus colaboradores locales, que llenaban el palco en lo que se vendió como un encuentro de «fraternidad», el público empezó a gritar *«¡Österreich! ¡Österreich!»,* es decir, «¡Austria! ¡Austria!», lo que fue interpretado como un acto de reivindicación nacional.

Por desgracia, esta protesta no fue más allá del estadio y una semana después del partido, cuando el *Anschluss* fue sometido a un referéndum popular, más del 99% de los votantes se mostraron favorables a la anexión. Resulta evidente que, al margen del apoyo que la anexión ya tenía entre una parte de la población austriaca, los nazis habían instaurado un clima de temor y represión que no daba lugar a que la oposición se manifestara.

Más allá de las disoluciones institucionales, los nazis purgaron el fútbol local de todos los elementos que discrepaban de sus posiciones. Su primera víctima fue el Hakoah, un club judío vienés que lucía en su escudo la estrella de David y contaba con una plantilla formada íntegramente por futbolistas de esta comunidad. El equipo fue disuelto y expulsado de la liga, además de que todas sus propiedades fueron confiscadas y pasaron a manos del Partido Nazi.

Otros dos clubes de Viena, el Austria y el First, también sufrieron la represión nazi, viendo cómo se expulsaba de sus filas a los jugadores y dirigentes judíos. En el caso del Austria, cuya denominación podía evocar una resistencia nacionalista, el club tuvo que sufrir la imposición de un miembro del Partido Nazi como presidente, que intentó modificar su nombre para imponer en su lugar el de *Ostmark,* la denominación que el nazismo usaba para referirse a Austria. Fue la presión de los aficionados la que evitó el cambio.

Era precisamente la camiseta del Austria de Viena la que vestía Matthias Sindelar, la gran estrella del fútbol austriaco por aquel entonces. Sindelar era un habitual de la selección nacional y anotó uno de los goles con los que su combinado había derrotado a Alemania en el Prater. El delantero celebró el tanto de forma ostentosa ante las autoridades nazis, en lo que fue considerado un gesto de desafío. A ello se añadió su negativa a vestir la camiseta con la esvástica de la selección de la Alemania nazi. Este gesto fue uno de los primeros actos de contestación y resistencia pública contra el nazismo.

El cadáver de Sindelar fue descubierto en su apartamento vienés junto al de su pareja, la joven de origen judío Camila Castagnola, a la que había conocido hacía unas semanas. Según anunciaron las autoridades, la pareja fue víctima de una intoxicación por monóxido de carbono, pero su fallecimiento despertó muchas suspicacias. Aunque todavía no se ha descubierto si se debió a un accidente, a un suicidio con voluntad de mostrar su oposición a la anexión austriaca o, como todo parece apuntar, a un asesinato, lo cierto es que la muerte de Sindelar es más que sospechosa.

El fútbol fue el escenario de varias de las primeras muestras de rechazo a la anexión nazi de Austria. Estos gestos continuaron durante los partidos que los principales equipos vieneses disputaban contra clubes alemanes en las competiciones del Tercer Reich. Muchos de los partidos que disputaban como locales el Austria, el First o el Rapid —el equipo austriaco más exitoso durante ese periodo, que llegó a ganar el campeonato alemán en 1941— solían derivar en manifestaciones de carácter nacionalista austriaco. Así lo demuestran varios informes de la policía secreta alemana, que recogen que los estadios austriacos fueron a menudo escenario de «cánticos antialemanes, peleas, lanzamiento de piedras o actitudes fanáticas por parte de los seguidores locales».

Pese a estos actos, el fútbol austriaco no recuperó su independencia hasta el final de la Segunda Guerra Mundial, cuando el país volvió a convertirse en un Estado soberano con una selección y unas competiciones propias.

Los mártires de Kiev

El 22 de junio de 1941, cuando estaban a punto de cumplirse dos años del inicio de la contienda en Europa, la Alemania nazi lanzó la Operación Barbarroja con el objetivo de invadir la Unión Soviética. Este ataque propició que ambas potencias, que habían firmado un pacto de no agresión, entraran formalmente en guerra.

La extensión de los combates hacia el este transformó Ucrania —la mayor de las repúblicas occidentales de la URSS— en un inmenso campo de batalla. Hasta entonces, los ucranianos habían visto desde una moderada distancia cómo los nazis invadían Polonia, Hungría y Austria, ya que el pacto firmado con Hitler les había permitido conservar una cierta normalidad. Pero la capital, Kiev, cayó en septiembre de 1941, y menos de un año después el dominio nazi sobre el territorio ucraniano era ya total. Fue durante esta ocupación cuando el Dinamo de Kiev, el club más representativo del país, protagonizó un episodio que pasó a la historia como uno de los grandes actos deportivos de resistencia durante la Segunda Guerra Mundial.

En un contexto en que la población de la capital ucraniana era víctima de hambrunas, deportaciones forzadas, asesinatos y, en general, de una dura represión, varios jugadores del club encontraron empleo en la panadería estatal número 3 de Kiev, dirigida por Iósif Kordik, un apasionado seguidor del Dinamo que había conservado su puesto gracias a su origen alemán. Kordik intentó agrupar en el horno a varios de los antiguos futbolistas que lograron escapar a una represión que se había cobrado la vida de algunos de sus compañeros, especialmente de aquellos de origen judío. En el marco del retorno a la «normalidad» que, tras consumarse la ocupación, pretendían imponer las autoridades alemanas, estas organizaron un campeonato local de fútbol tras decretar la disolución de todos los clubes soviéticos.

Iósif Kordik, que ya había pretendido crear un equipo en su panadería estatal, vio en este campeonato la posibilidad de recuperar, aunque fuera parcialmente, a su amado Dinamo. Ese nuevo club se llamó FC Start, y también agrupó a varios jugadores del Lokomotiv. El nuevo combinado no pudo adoptar el nombre de Dinamo debido a las reminiscencias soviéticas y comunistas, lo que provocó un debate entre los jugadores, que pensaban que el hecho de implicarse en una competición organizada por el ocupante adoptando otro nombre podía entenderse como un acto de colaboración con el nazismo. Esta idea fue disuadida por el antiguo capitán del equipo, Mykola Trusevych, que incitó a sus compañeros a integrarse en el nuevo Start llamándolos a «demostrar a los fascistas que nuestra bandera no puede ser derrotada». El recién creado FC Start abandonó los tradicionales colores azul y blanco del antiguo club de Kiev y optó por jugar con una camiseta roja.

Desde el primer partido, el Start demostró su potencial derrotando al FC Rukh (7-2), un club surgido del colaboracionismo ucraniano con los nazis, y a los equipos de las guarniciones militares húngara (6-2) y rumana (11-0), ambas aliadas del Tercer Reich y desplegadas en Ucrania al lado del ejército alemán. Estas abultadas victorias sirvieron para engordar el orgullo ucraniano al tiempo que alertaban a los dirigentes alemanes, que veían cómo su discurso basado en la idea de que el nazismo había liberado a Ucrania de la dominación bolchevique era puesto en duda por un equipo que vestía de rojo y evocaba las grandes gestas del deporte soviético.

Tras este arranque en que el Start contó sus partidos por victorias, los organizadores de la competición decidieron enfrentarlo al Flakelf, un equipo formado por miembros del ejército nazi que vestía los colores de uno de los escuadrones de la Luftwaffe y que se había labrado fama de invencible. El partido, disputado el 6 de agosto de 1942, despertó una notable expectación, reuniendo a más de dos mil espectadores en el estadio Zenit.

El primer gol lo hizo el Flakelf, aunque poco después el Start logró empatar, desatando la euforia del público. Ante la afrenta que esto suponía, durante el descanso uno de los oficiales nazis presentes en el estadio se coló en el vestuario de los jugadores locales y les ordenó bajar la intensidad de su juego al tiempo que los amenazaba, por si acaso no seguían sus recomendaciones. La intimidación nazi no surtió efecto y la reacción del FC Start fue más bien la contraria. Empujado por un público que animaba a los ucranianos sin conocer la coacción que pesaba sobre los futbolistas, el equipo de Kiev dio una auténtica lección a los militares alemanes y dejó el marcador final en un humillante 5-1. Los altos cargos militares que presidían el partido abandonaron apresuradamente el palco y el árbitro, un oficial de las SS, señaló el pitido final mucho antes de que se agotara el tiempo reglamentario.

La derrota fue percibida como una injuria por los oficiales nazis, que asimilaron que este tipo de resultados podían minar la moral de sus tropas y dar fuerzas a la resistencia soviética. Las autoridades alemanas programaron, por ello, otro partido con los mismos protagonistas, con el objetivo de vengarse y restablecer el orden deportivo.

Tres días después, el estadio Zenit de Kiev volvió a presenciar cómo el Start y el Flakelf saltaban al césped para repetir el enfrentamiento, en un encuentro que ha pasado a la historia con el sobrenombre de «partido de la muerte». En esta ocasión, el ambiente en las gradas era distinto al del primer encuentro, ya que estaban pobladas de militares alemanes. Antes del pitido inicial, a cargo nuevamente de un oficial de las SS, el equipo de la Luftwaffe realizó el saludo nazi al grito de *«Heil Hitler!»*. Los responsables de la organización pretendieron que los futbolistas del Start hicieran lo mismo, pero se toparon con la rotunda negativa de los ucranianos, que respondieron al grito de «¡Viva el deporte!», una proclama habitual en los acontecimientos deportivos soviéticos.

A pesar del ambiente hostil, el Start llegó al descanso con un marcador favorable de 3-1, lo que valió una nueva visita al vestuario de un oficial, que advirtió a los futbolistas de que no podían ganar el partido y que debían reflexionar sobre las consecuencias que una victoria podía acarrearles. Tampoco esta vez las amenazas los amedrentaron, y terminaron imponiéndose por 5-3 pese a la permisividad arbitral, que toleró una creciente violencia contra ellos. Los futbolistas del Start tuvieron que abandonar el estadio de manera apresurada tras el pitido final debido a las intimidaciones alemanas.

Los nazis consideraron que esta segunda derrota era una afrenta demasiado grande y que debía ser castigada. Una semana después del encuentro, la Gestapo realizó una incursión en la panadería donde trabajaban buena parte de los jugadores del Start y los arrestó bajo la acusación de formar parte de la policía secreta soviética y de realizar actos de sabotaje contra la ocupación alemana. En muchos casos, la detención fue seguida por actos de tortura, encarcelamiento, deportación o asesinato.

El futbolista Nikolái Korotkikh fue torturado hasta la muerte, acusado de ser un agente de los servicios secretos soviéticos, mientras que el capitán del equipo, Mykola Trusevych, y sus compañeros Iván Kuzmenko y Oleksiy Klimenko dieron con sus huesos en el campo de concentración de Syrets, donde fueron ejecutados en febrero de 1943.

La tiranía nazi sobre Ucrania llegó a su fin en el verano de 1943, con la liberación de Kiev a manos del Ejército Rojo, pero el recuerdo de las víctimas de aquella cruenta ocupación todavía pervive. El estadio del Dinamo cuenta con un monumento erigido en memoria de sus jugadores mártires, y su historia inspiró la película *Evasión o victoria,* protagonizada por Sylvester Stallone, Michael Caine y, entre otros, los futbolistas Pelé y Bobby Moore.

Después de 1943, algunos de los integrantes de aquel heroico FC Start fueron acusados de colaboracionismo con la ocupación alemana, aunque las autoridades soviéticas se acabaron dando cuenta de la dimensión histórica que tenía ese acontecimiento y convirtieron a sus protagonistas en héroes. En el proceso, intentaron instrumentalizar su gesta y añadieron elementos de leyenda que terminaron confundiéndose con la realidad, como que los jugadores fusilados habían sido martirizados luciendo la simbólica camiseta roja.

Aquellos partidos del Start contra la ocupación nazi marcaron la memoria de Kiev y del Dinamo. La historia política del club, sin embargo, no terminó con su oposición al nazismo. El equipo continuó siendo un símbolo del nacionalismo ucraniano y protagonizó gestas como la de ser el primer club de fuera de Moscú en ganar el campeonato soviético, convirtiéndose en el dominador del fútbol de la URSS durante los años setenta y ochenta. En esta etapa logró además el primer título continental conseguido por un equipo soviético. Este simbolismo nacionalista se acentuó durante el proceso de desintegración de la URSS hasta el punto de que su presidente, Viktor Bezverkhy, cambió el clásico uniforme azul y blanco por los colores amarillo y azul, los mismos que adoptaría la bandera de la futura Ucrania independiente, de la que el Dinamo sigue siendo uno de los grandes estandartes.

El futbolista resistente

Por desgracia, fueron muchos los futbolistas asesinados por el Tercer Reich a causa de su resistencia contra la dominación nazi. De entre ellos hemos elegido la figura de Rino Della Negra, un jugador del Red Star parisino que fue ejecutado en febrero de 1944. Su historia lo ha convertido en un símbolo de cómo un futbolista puede asumir un compromiso más allá de su tarea deportiva y entregar su vida a una causa que considere justa.

Rino Della Negra nació en 1923 en Vimy, una pequeña localidad del departamento de Pas-de-Calais. Sus padres, inmigrantes italianos, llegaron al norte de Francia huyendo de la represión de los camisas negras fascistas, que, bajo las órdenes de Mussolini, se dedicaban a amedrentar a los elementos más activos del movimiento obrero transalpino. Cuando Rino tenía tres años, su familia migró hasta Argenteuil, en la periferia parisina, donde creció y empezó a dar patadas al balón.

El joven destacó desde muy pronto jugando por las calles de su barrio, y sus habilidades no pasaron desapercibidas a ojos de la Juventud Deportiva de Argenteuil, el principal club local, donde destacó como habilidoso extremo derecho hasta el punto de llamar la atención de los grandes clubes de Francia. Con solo diecinueve años, Rino Della Negra, que por aquel entonces combinaba el fútbol con su trabajo de obrero en una fábrica de coches, fue traspasado al Red Star Olympique, un club que acababa de ganar la Copa francesa. Esta mítica entidad había sido creada en 1893 por Jules Rimet, el padre de la Copa del Mundo, y en el pecho lucía una estrella roja, un emblema que se ajustaba a la perfección a los principios ideológicos que abrazaba Della Negra.

En 1942, cuando Rino acababa de estrenar la camiseta del Red Star, fue llamado por el Servicio de Trabajo Obligatorio nazi para que se incorporara como obrero en una fábrica alemana. Della Negra se negó y optó por alistarse en una de las organizaciones armadas de la Resistencia puestas en marcha por el Partido Comunista francés. Rino ingresó así en las filas de la Red de Francotiradores y Partisanos de la Mano de Obra Inmigrada (FTP-MOI) y pasó a combinar las botas y la camiseta del Red Star con el fusil. Nunca llegó a abandonar la práctica del fútbol a pesar de su actividad clandestina.

Junto a otros jóvenes de origen migrante, Della Negra se incorporó a la red comandada por el poeta armenio Missak Manouchian, que se convirtió en una auténtica pesadilla para los oficiales nazis desplegados en París en 1943. El joven Rino forjó así su verdadero palmarés como integrante de la Resistencia. Participó en atentados como el que asesinó al general nazi Von Apt el 7 de junio, en el ataque contra la sede del Partido Nacional Fascista italiano en París el 10 de junio o en el asalto a un cuartel de policía parisino el 23 de junio, antes de ser herido de bala en una pierna y arrestado el 12 de noviembre de 1943, cuando intentaba atacar un convoy alemán que transportaba divisas.

Tras la desarticulación del grupo liderado por Manouchian, los ocupantes nazis y sus colaboradores galos llenaron Francia de carteles que lo criminalizaban y señalaban su condición de migrantes. Lo hicieron a través del conocido *Affiche Rouge* (Cartel Rojo), un póster con fotografías de algunos integrantes de la red, acompañadas del texto «¿Libertadores? ¡La liberación por el ejército del crimen!» y del número de atentados que había cometido cada uno de sus integrantes.

Sin embargo, el nombre de Rino Della Negra no aparecía en el cartel, al parecer porque era «demasiado italiano» a ojos de unas autoridades nazis que tenían en la Italia de Mussolini uno de sus principales aliados. Con todo, el joven futbolista del Red Star sería ejecutado junto a veintidós de sus compañeros resistentes el 21 de febrero de 1944 en el Mont Valérien, muy cerca de París.

El cartel contra los resistentes y su posterior fusilamiento provocaron un efecto contrario al que pretendían las autoridades alemanas y sus colaboradores franceses. Si bien los dirigentes nazis querían someter a la censura popular las acciones protagonizadas por unos resistentes a los que tachaban de «rojo español», «judío húngaro», «judío polaco», «comunista italiano» o «jefe de banda armenio», el tiro les salió por la culata, ya que despertaron una corriente de simpatía entre la población francesa.

Poco antes de su muerte, Rino Della Negra hizo llegar un mensaje a su hermano en el que le enviaba un saludo y se despedía de toda la comunidad del Red Star, demostrando la importancia que el club parisino tenía para él.

En 2004, después de muchos años en el olvido y coincidiendo con el sexagésimo aniversario de su asesinato, el Red Star rindió un sentido homenaje a Rino Della Negra en su feudo, el estadio Bauer de Saint-Ouen, cerca de París. Resultó un escenario inmejorable para un reconocimiento de tales características, ya que tuvo lugar en un terreno de juego que lleva el nombre del doctor Jean-Claude Bauer, un médico comunista y resistente que también fue ejecutado por los nazis en el Mont Valérien, y en una localidad, Saint-Ouen, gobernada entonces por el Partido Comunista francés.

Igual que su futbolista resistente, el Red Star es hoy un club identificado con posiciones políticas de izquierdas, convertido en un símbolo para muchos aficionados antifascistas que ven en su estrella roja y en la historia de jugadores como Rino Della Negra la representación de un fútbol que lucha contra el nazismo y el fascismo.

Los partisanos del balón

Si hubo un territorio donde los partisanos antifascistas resultaron vencedores de la Segunda Guerra Mundial, ese fueron los Balcanes, una península especialmente castigada y donde estos combatientes se convirtieron en los protagonistas de la contienda.

La resistencia partisana en los Balcanes se originó en el momento de la invasión fascista del territorio, en abril de 1939, cuando la Italia fascista ocupó en menos de una semana el reino de Albania y forzó al exilio a su gobernante, el rey Zog I. Pronto, en el país empezó a organizarse una resistencia que, más adelante, se estructuraría alrededor del núcleo de militantes comunistas cercanos a Enver Hoxha.

En el caso de Yugoslavia, desmembrada por Alemania en 1941, lo que propició la creación del Estado independiente de Croacia, fue entonces cuando se formó una resistencia protagonizada por dos grupos radicalmente opuestos: los chetniks monárquicos de Draza Mihajlović y los partisanos comunistas liderados por Tito, que ejercía un papel parecido al de su colega Hoxha en Albania.

Esta insurrección liderada por los partisanos antifascistas en Albania y en Yugoslavia protagonizó uno de los episodios más heroicos de la Segunda Guerra Mundial, ya que consiguieron liberar a sus respectivos países de la ocupación nazi prácticamente sin la colaboración de ejércitos extranjeros. Tras la victoria bélica, los partisanos fueron sustituidos en ambos territorios por nuevos ejércitos regulares que dejaron de llevar esa denominación. Con todo, su memoria pervivió entre la población, como lo demuestra la adopción de precisamente ese nombre para designar a dos de los principales clubes deportivos de Tirana y Belgrado.

En la capital albanesa encontramos al FK Partizani, fundado en 1946 a partir de los jóvenes que habían liberado el país, las brigadas del recién constituido Ejército Popular Albanés y los alumnos de las dos principales academias militares del territorio. Evocando su carácter castrense, el Partizani albanés adoptó en sus inicios la denominación de Ushtria, es decir, Ejército, aunque en sus equipaciones llevaba escrita la palabra Partizani.

El Ushtria debutó en el año de su fundación y pronto adoptó la denominación popular de Partizani, que terminaría convirtiéndose en la oficial. Durante su primera temporada se limitó a disputar encuentros amistosos por todo el país, pero en 1947 empezó a competir de manera oficial en la liga nacional, coronándose campeón en sus tres primeras participaciones. Los triunfos de este equipo desataron la euforia de los oficiales del Ejército Popular e incluso del mismísimo Hoxha, el jefe del Estado, admirados al comprobar cómo el recorrido victorioso de los partisanos tenía continuidad sobre los terrenos de juego.

La nueva Yugoslavia federal y socialista también creó su propio club partisano. En este caso, el Partizan de Belgrado, un equipo que ha adquirido mayor fama que su homólogo albanés. El Partizan yugoslavo nació en octubre de 1945 y, del mismo modo que el Partizani de Tirana, se reclamó heredero de los combatientes antifascistas de la Segunda Guerra Mundial. El Partizan de Belgrado era también un club militar, asociado al recién creado Ejército Popular Yugoslavo, y entre sus dirigentes había oficiales de este nuevo ejército, así como antiguos partisanos que habían combatido contra el nazismo y brigadistas internacionales que hicieron lo propio durante la Guerra Civil española.

El Partizan yugoslavo también tuvo una trayectoria inicial llena de éxitos que lo convirtieron en uno de los grandes equipos de la Yugoslavia titista, en parte gracias a la conquista del campeonato de la liga federal en 1947 y 1949, triunfos que repetiría en cuatro ocasiones durante los años sesenta, el periodo más exitoso del club. En 1966, el Partizan de Belgrado protagonizó su mayor gesta deportiva cuando llegó a la final de la Copa de Europa, en la que cayó por la mínima ante el Real Madrid (2-1).

En el caso yugoslavo, los partisanos futbolísticos recogieron también el testigo de sus predecesores en el campo de batalla, un hecho que les valió la simpatía de muchos miembros de los estamentos oficiales de la Yugoslavia federal y socialista, como el propio Tito, líder de los partisanos durante el combate contra el ocupante nazi.

Con el tiempo, ni siquiera la caída de los gobiernos comunistas en Yugoslavia y en Albania pudo con los partisanos del balón. Mientras muchos clubes del Este europeo veían cómo sus nombres cambiaban tras el derrumbe del Telón de Acero, el Partizan de Belgrado y el Partizani de Tirana se mantuvieron fieles a su historia, recordando así a los hombres y mujeres que, desde las filas de los partisanos antifascistas, dieron su vida luchando por la libertad de sus pueblos.

Fútbol contra el *apartheid*

El fútbol también desarrolló una función relevante en el combate contra el régimen del *apartheid* sudafricano, reclamando el cese de la segregación racial a partir de uno de los principios que ha guiado al deporte rey desde su nacimiento: unir a la humanidad y no separarla según el color de su piel.

El fútbol aterrizó en Sudáfrica de manera parecida a como lo hizo en el resto del continente africano, importado por militares y empleados de la administración colonial que, en este caso, llegaban a la británica Colonia del Cabo. Junto con el rugby, ambos deportes se hicieron con un importante espacio en Sudáfrica, despertando pasiones tanto entre la población colona como entre la nativa. Los colonos blancos europeos, con los afrikáners a la cabeza, optaron en mayor medida por la pelota oval; el fútbol, en cambio, se erigió en el juego por excelencia de una pequeña minoría blanca y, sobre todo, de las comunidades marginadas y oprimidas: los africanos, los indios y los mestizos. Con todo, su organización estaba en manos de la élite afrikáner, que en 1892 había constituido la South African Football Association (SAFA), estrechamente vinculada a su homóloga inglesa.

El fútbol se desarrolló en la Colonia del Cabo de forma paralela a la evolución política y social que experimentó el territorio. El gran acontecimiento que popularizó este deporte entre la población blanca fue la segunda guerra bóer, que enfrentó a los bóers afrikáners de Orange y Transvaal contra el Reino Unido, que movilizó a medio millón de soldados británicos para combatir a los rebeldes. Estos reclutas, que practicaban con asiduidad el fútbol en Inglaterra, transmitieron su pasión por este deporte a los colonos blancos asentados en Sudáfrica.

La industrialización y el desarrollo de la economía sudafricana permitieron la formación de una clase trabajadora nativa y de una reducida élite negra, constituida por pequeños empresarios y comerciantes, que adoptaron el fútbol como deporte de referencia. A pesar del crecimiento financiero, el nuevo proletariado negro fue desposeído de prácticamente todos sus derechos, antes incluso de la instauración del *apartheid.* Esta clase social fue confinada en los *townships* de las ciudades —unos barrios alejados del centro, al que no podían acceder— y también fue privada del derecho a voto.

En estos *townships* surgieron los primeros clubes de fútbol africanos que expresaban la identidad negra, al tiempo que se erigían en mecanismos de reivindicación de sus derechos. Entre ellos podemos destacar a los Orlando Pirates, fundados en 1939 fruto de la fusión de dos clubes de la barriada de Orlando, en Johannesburgo; a los Moroka Swallows, creados en los *townships* de Moroka y Javabu en la misma Johannesburgo; o a los Durban Bush Bucks, nacidos en la ciudad de

Durban. El surgimiento de estos clubes ayudó a que el fútbol se transformara en el auténtico «deporte nacional» de la población negra, lo que contribuyó a su expansión.

La embrionaria segregación que se empezaba a establecer en Sudáfrica acercó a las comunidades afrikáner y británica, ambas blancas, que, no obstante, se enfrentaron durante la Segunda Guerra Mundial debido al posicionamiento mayoritario de los bóers del lado de Adolf Hitler y del Tercer Reich. En 1948, con el triunfo electoral del racista y afrikáner Partido Nacional, se dio inicio al *apartheid,* con el que la política de creación de *townships* se acentuó de forma cruel.

Entre otros, nació el suburbio de South Western Township, más conocido como Soweto, ubicado a unos quince kilómetros de Johannesburgo con el objetivo de alejar a la población negra de los lugares de residencia de la minoría blanca. Al nuevo Soweto fueron trasladados vecindarios enteros, como el de Orlando, y el distrito se convirtió en uno de los principales bastiones de la lucha contra la segregación racial y en uno de los grandes feudos del Congreso Nacional Africano (ANC) de Nelson Mandela.

Precisamente, este Congreso Nacional atribuyó al deporte un papel muy relevante en la lucha contra el *apartheid,* estableciendo alianzas con las comunidades mestiza e india para romper las barreras impuestas por la segregación. Su presidente, Albert John Lutuli, había sido un ferviente aficionado a la práctica del fútbol, llegando a ocupar varios cargos en la federación local de Durban. Sin embargo, a pesar de sus esfuerzos, el fútbol sudafricano estaba profundamente segregado en base a cuestiones raciales: la federación histórica, la SAFA, se había convertido en una organización blanca, y por otro lado estaban las federaciones negra africana, india y mestiza, unas asociaciones que se agruparon en 1951 para crear la South African Soccer Federation (SASF), que rechazaba la segregación y se oponía con firmeza al *apartheid.*

Esta bicefalia provocó una auténtica batalla por el reconocimiento internacional, con evidentes implicaciones de carácter político. La SAFA histórica se había adherido a la FIFA en 1910, pero se retiró en 1926 en apoyo a las federaciones británicas, que mantenían un conflicto con la federación internacional basado en la cuestión del amateurismo. En 1951, la SAFA solicitó su readmisión, que fue aceptada en 1952, en pleno régimen del *apartheid.* Fue entonces cuando se desencadenó la controversia, ya que la SASF, constituida el año anterior, solicitó en 1952 su reconocimiento como federación oficial sudafricana, argumentando que la suya era la organización que más futbolistas agrupaba y la única que no aplicaba ningún criterio racial en el trámite de permitir la filiación de los jugadores.

Ante el conflicto y tras varias deliberaciones, en 1956 la FIFA rechazó la petición de la SASF, anuló la condición de miembro de la SAFA y recomendó a la SASF integrarse en la SAFA, con el objetivo de constituir una única federación y cumplir así con el precepto de la FIFA de admitir a una única federación por país.

La petición del organismo internacional ignoraba el rigor de las leyes del *apartheid* y las convicciones racistas de los gobernantes de Sudáfrica. Uno de los principales arquitectos del *apartheid,* el doctor Theophilus Eben Dönges, ministro del Interior y futuro presidente del país, consciente de que esa unión minaría los principios de la política de segregación, afirmó: «No hay ninguna posibilidad de ayuda gubernamental a las organizaciones deportivas no europeas animadas por intenciones subversivas». Ante esta negativa, la federación internacional asimiló que el poder blanco no tenía ninguna voluntad de terminar con la discriminación racial. Esta constatación permitió a la SASF ganar simpatías entre los integrantes de la FIFA, trasladando al ámbito internacional la lucha contra el *apartheid.*

En 1958, a propuesta del representante sudanés, que hablaba en nombre de la Confederación Africana de Fútbol, la FIFA mantuvo la suspensión de la SAFA, reconvertida en la Football Association of Southern Africa (FASA). La propuesta contó con el apoyo de los representantes soviéticos y yugoslavos, dos Estados que condenaban con firmeza la política del *apartheid.* El siguiente congreso de la FIFA, celebrado en Roma, permitió adoptar una resolución que prohibía todo tipo de discriminación racial, religiosa o política en las federaciones miembros. A partir de entonces, la FIFA contó con un argumento jurídico de peso para excluir a la FASA. Esta decisión ya la había tomado con anterioridad la Confederación Africana de Fútbol, que, en 1960, había expulsado a la federación sudafricana blanca al tiempo que acordó hacer explícita su voluntad de apoyar la integración de la SASF a la FIFA.

En 1961, la diplomacia del *apartheid* consiguió que el comité ejecutivo de la FIFA, a instancias de su presidente Stanley Rous, cercano a la federación racista, levantara la suspensión contra la FASA y la volviera a reconocer como miembro de pleno derecho de la federación internacional. Sudáfrica acababa de proclamarse una república independiente, abandonando la Commonwealth británica, y este acuerdo contribuía a reforzar su posición en la escena internacional.

La polémica decisión fue revocada durante el congreso de la FIFA celebrado en Tokio en 1964, donde una amplia mayoría de miembros (48 contra 15) volvió a anular el reconocimiento de la FASA. El Gobierno de Sudáfrica siguió insistiendo en recuperar su condición, pero nunca llegó a conseguirlo, y a su exclusión del fútbol internacional se añadió la de la familia olímpica, adoptada provisionalmente en 1963 y ratificada de forma definitiva por el COI en 1970.

Con el objetivo de burlar las prohibiciones de competir internacionalmente, el Gobierno sudafricano organizó varios torneos de propaganda, como los South African Games, que pretendían traer a equipos internacionales a competir en el país. Estas maniobras despertaron el recelo de los Estados africanos, que siempre estuvieron atentos a una posible ruptura del veto a la consigna de no competir contra Sudáfrica. Llegaron incluso a boicotear los Juegos Olímpicos de Montreal de 1976 porque en ellos participaba el equipo olímpico de Nueva Zelanda, cuya selección de rugby había realizado una gira por Sudáfrica.

En 1985, después de muchos años de competiciones segregadas, se creó la National Soccer League, la primera liga abiertamente multirracial que contó con el apoyo de los movimientos de oposición al *apartheid*. Esta nueva competición fue una de las primeras señales de distensión del régimen racista, algo que se vería ratificado a partir de 1989 con la política aperturista del presidente Frederik de Klerk. Su gobierno tuvo un gran impacto sobre el mundo del fútbol, ya que incentivó las negociaciones entre la FASA y la SASF para la creación, en 1991, de la nueva SAFA, que agrupaba a todos los sudafricanos independientemente del color de su piel y que fue admitida en la FIFA el 3 de julio de 1992.

La abolición del *apartheid* y el posterior acceso al poder de Nelson Mandela y del ANC permitieron la plena readmisión de Sudáfrica en la comunidad internacional del deporte. Empezaba así una historia de éxito que llevó a los Orlando Pirates, el club más popular del país, a ganar la Copa de África de 1995; a los *Bafana Bafana*, la selección nacional, a hacerse con la Copa Africana de Naciones que el país organizó en 1996; y a la SAFA a ser la primera federación africana en organizar un Mundial, celebrado en 2010 en unos estadios cuyas denominaciones, en la mayoría de los casos, evocaban el sacrificio de miles de sudafricanos en la lucha contra el *apartheid*. Algunos de los terrenos de juego que acogieron el torneo llevaban los nombres de Peter Mokaba (en Polokwane), antiguo dirigente de las juventudes del ANC; de Moses Mabhida (en Durban), antiguo secretario general del Partido Comunista sudafricano y firme opositor al *apartheid;* y sin olvidar, claro está, el de Mandela Bay (en Port Elizabeth).

Fútbol libre en el infierno de Robben Island

Más allá de la batalla por la representación internacional, el fútbol también fue en Sudáfrica un instrumento contra el *apartheid* utilizado en el corazón mismo del racismo institucional. Fue en la prisión de alta seguridad de Robben Island, el infierno donde Nelson Mandela pasó dieciocho de los veintisiete años de su condena.

Esta famosa cárcel, situada en una isla frente a Ciudad del Cabo, se convirtió en uno de los centros penitenciarios más temidos del planeta. Con una superficie de cinco kilómetros cuadrados, la pequeña isla de Robben ya había servido como prisión durante la colonización holandesa en el siglo XVII. Entre 1961 y 1991, las autoridades sudafricanas internaron en ella a los principales activistas que se oponían al *apartheid*.

En 1960, el Gobierno racista declaró ilegales los dos principales movimientos de oposición: el ANC de Nelson Mandela y el Congreso Panafricano (PAC), una organización disidente de aquella que rechazaba cualquier tipo de alianza con la población no negra en el combate contra el régimen racista. A partir de 1961, sus militantes empezaron a llenar las celdas de Robben Island, un penal controlado por guardias afrikáners, muchos de los cuales eran miembros de la Ossewabrandwag, una organización racista con simpatías por el nazismo. Allí, los presos recibían un trato brutal e inhumano.

En 1964, tras la detención de la dirección del ANC, ingresó en Robben Island uno de los presos políticos más célebres de la historia: Nelson Mandela, a quien se le asignó el número de preso 466/64. Igual que en los campos de concentración nazi, a los internos se les atribuía un dígito con el fin de deshumanizarlos.

El severo régimen penitenciario consistía en que los internos se despertaban a las 5:30 de la mañana y eran obligados a correr desnudos por el patio de la prisión, antes de realizar distintos trabajos forzados. Para distraerse, jugaban a las cartas o elaboraban pelotas de fútbol artesanales, que a menudo eran destruidas por los guardias. La reivindicación del derecho a jugar al fútbol fue una de las primeras protestas de los militantes encarcelados. Inicialmente, no solo fue desestimada, sino que conllevó acciones represivas por parte de los carceleros, que les privaban de alimentos a modo de castigo.

La insistencia de los prisioneros, que atribuían una gran importancia al ejercicio físico, tuvo su recompensa en diciembre de 1967, cuando vieron reconocido su derecho a jugar al fútbol con sus propios equipos durante media hora cada sábado. La decisión respondía a las presiones ejercidas por la Cruz Roja, sumadas a las denuncias internacionales contra el *apartheid;* pretendía mostrar al mundo una cierta tolerancia con los presos. Sin embargo, fue una concesión estratégica y puramente testimonial, con el objetivo de reducir la presión internacional sobre el régimen racista.

De manera artesanal, los prisioneros preparaban los materiales necesarios para jugar, incluyendo las porterías y sus redes. A pesar de que lo hacían en un terreno casi impracticable, el fútbol les sirvió para mantener vivas la ilusión y la esperanza, al tiempo que su práctica favorecía la unión entre los militantes del ANC y del PAC, enfrentados fuera de Robben Island. Nelson Mandela, condenado a cadena perpetua y encarcelado en régimen de aislamiento, no tenía derecho ni a jugar ni a asistir a esos partidos.

Los prisioneros encontraron en la biblioteca de la cárcel un reglamento de la FIFA que les inspiró para organizar sus propias competiciones. En el interior del penal se formó una federación, con unos estatutos, un presidente, un vicepresidente, una unión arbitral y tres categorías con tres equipos en cada una. En total se crearon nueve clubes, con sus respectivas ordenanzas, entre los que cabe destacar el Manong FC, el único en el que convivían militantes con diferente filiación política.

La federación fue bautizada como Makana Football Association (MFA), una denominación cargada de simbolismo, ya que hacía referencia al general Makana, un nativo sudafricano de etnia xhosa que fue encerrado en 1819 en Robben Island por los colonos británicos y murió mientras intentaba huir del penal. La creación de la MFA supuso la llegada de un fuerte viento de libertad a la cárcel, permitiendo a los presos recuperar su dignidad: poco a poco, dejaban de ser un número y volvían a tener un nombre que les representaba.

La liga de Robben Island despertó una gran expectación entre los internos, y la progresión de sus equipos les permitió ir mejorando las condiciones para la práctica del fútbol. Llegaron camisetas para cada club, compradas en Ciudad del Cabo con los pequeños ahorros de la federación, se habilitó un segundo terreno de juego más digno y se autorizó a jugar también en domingo, al tiempo que crecía el número de aficionados y aparecían cánticos y banderas durante los partidos. Esta competición contó con jugadores ilustres como Jacob Zuma, luego presidente de Sudáfrica entre 2009 y 2018.

En junio de 1970, el Manong FC se proclamó campeón del primer título de liga de la MFA, alzándose con un trofeo fabricado artesanalmente con madera. El éxito de esta organización sirvió de ejemplo para los amantes de otros deportes, y los prisioneros empezaron a organizar competiciones de nuevas disciplinas. Se llegaron incluso a celebrar unos juegos veraniegos, que en ningún caso alcanzaron la popularidad del fútbol.

La pasión desatada por el campeonato hizo que la biblioteca de la cárcel se llenara de títulos relacionados con el deporte rey, ya que la competición despertó incluso la curiosidad de algunos guardias. Las publicaciones futbolísticas eran las únicas capaces de competir con el libro más prestado de la biblioteca durante comienzos de los años setenta: *El Capital* de Karl Marx.

Si bien el fútbol sirvió a los prisioneros del ANC y del PAC como medio para inculcar una cultura de debate y democracia, fue también un arma de doble filo con la que las autoridades racistas presionaban a los internos. Amenazaron en varias ocasiones con paralizar las competiciones, que a la vez servían al régimen para argumentar que las condiciones de vida en la cárcel no eran tan duras como se decía.

En 1976, las competiciones de la Makana Football Association sufrieron una interrupción que se alargó varios meses debido a un problema demográfico: los prisioneros que habían llegado a la cárcel a principios de los años sesenta empezaban a hacerse mayores. Con todo, ese mismo año, una nueva promoción de militantes contra el *apartheid* fue encarcelada tras las movilizaciones en Soweto contra la imposición de la educación en afrikáner. Estos jóvenes fueron los responsables de retomar la ya histórica competición, conscientes de su importancia simbólica.

Estos campeonatos de la MFA continuaron hasta 1990, un año antes del cierre del módulo de prisioneros políticos en Robben Island, que con el tiempo se ha convertido en un símbolo del horror, pero también de la lucha por la libertad. Empezó entonces un nuevo combate que, tres años más tarde, llevaría al antiguo preso 466/64 a la presidencia de la República de Sudáfrica.

La dignidad soviética frente a Pinochet

En 1970, Salvador Allende, candidato de la coalición de izquierdas bautizada como Unidad Popular, ganó las elecciones celebradas el 4 de septiembre y accedió a la presidencia de Chile. El de Allende, militante del Partido Socialista, era el primer Gobierno de orientación marxista que accedía al poder a través de unas elecciones democráticas en una América Latina cuya izquierda vivía fascinada por la Revolución cubana de 1959. La Unidad Popular, a pesar de la oposición del poder fáctico, empezó a cambiar el rostro de Chile, llegando incluso a recuperar la grandeza perdida de su fútbol.

La última gran hazaña protagonizada por el país en el terreno futbolístico había sucedido en 1962, cuando, en el Mundial celebrado en su mismo territorio, la selección chilena llegó a las semifinales, donde cayó ante la Brasil de Garrincha, que se proclamaría campeona. El combinado chileno, conocido también como «La Roja», terminaría su Mundial en la tercera plaza tras derrotar a Yugoslavia en la final de consolación. A partir de entonces, el fútbol chileno no vivió grandes momentos de gloria, pero la situación cambió con la llegada de los años setenta.

En 1973, el Club Social y Deportivo Colo-Colo de Santiago llegó a la final de la Copa Libertadores, donde perdió ante el Club Atlético Independiente de Avellaneda. Ese mismo año, y tras su ausencia en las dos últimas ediciones, la selección nacional volvió a clasificarse para la repesca internacional que daba acceso a la fase final de la Copa del Mundo que se celebraría en 1974 en la República Federal de Alemania. En esa eliminatoria, Chile debía enfrentarse a la URSS.

Las reformas radicales impulsadas por el Gobierno de Allende, que habían tenido un gran impacto en el progreso del país —reflejadas también en la pujanza de su fútbol—, se vieron truncadas apenas un mes después de que La Roja se clasificara para aquella decisiva repesca.

El 11 de septiembre de 1973, tras varios meses de tensión entre partidarios y detractores del Gobierno de la Unidad Popular, que a menudo se manifestaban en las calles de Santiago, el general Augusto Pinochet encabezó un golpe de Estado respaldado por los sectores más conservadores del ejército y bendecido por la Administración estadounidense del republicano Richard Nixon. En el Palacio de la Moneda, el presidente Allende, antes que verse forzado a la rendición y al exilio ante los militares facciosos, se suicidó ese mismo día.

El nuevo ejecutivo golpista se caracterizó por la persecución de cualquier disidencia política. Comunistas, socialistas, sindicalistas, activistas políticos, demócratas o simples opositores al golpe de Estado fueron víctimas de la represión del ejército chileno. El régimen detenía a tantos opositores que debía recluirlos en campos de concentración, como fue el caso del Estadio Nacional, convertido en el mayor centro de reclusión del país.

Construido en 1938, este estadio era un fiel reflejo de la evolución de Santiago y del conjunto del país. Poco después de su inauguración, había servido como centro de acogida de refugiados europeos que huían de la Segunda Guerra Mundial, y más tarde albergó actividades de todo tipo que lo convirtieron en un símbolo de la capital. Había hospedado desde conciertos hasta combates de boxeo, pasando por su función principal de ser el terreno de juego de la selección nacional y de los clubes de la ciudad: Colo-Colo y Universidad Católica.

Durante las ocho semanas posteriores al golpe de Estado de Pinochet, el Estadio Nacional acogió entre doce y veinte mil personas, que se acumulaban en unas condiciones infrahumanas, sujetas a la tortura sistemática por parte de los militares golpistas. Mientras tanto, grupos de familiares y amigos de los arrestados se agrupaban fuera del recinto para intentar obtener noticias de sus seres queridos.

Más allá del Estadio Nacional, otros estadios y pabellones del país sirvieron como centros de detención durante los primeros meses tras el golpe de Estado. Entre ellos cabe destacar el Estadio Chile, un pabellón polideportivo situado también en Santiago, donde fue detenido, torturado y asesinado el cantante Víctor Jara, que desde 2004 da nombre al recinto.

En medio de este clima de represión, La Roja todavía tenía que disputar la eliminatoria de repesca intercontinental contra la Unión Soviética. El partido estaba previsto para el 26 de septiembre, tan solo quince días después del golpe, y adquirió una gran carga política, ya que la URSS había sido una firme aliada del Gobierno de la Unidad Popular de

Allende, llegando a abastecer al ejército chileno en 1973 con material de fabricación soviética.

El partido de ida se disputó en el estadio Lenin de Moscú, y La Roja consiguió un empate a cero, muy meritorio si tenemos en cuenta que la mente de los jugadores chilenos estaba profundamente descentrada. La URSS había condenado el golpe de Estado y se negó a reconocer el nuevo Gobierno de Pinochet, con el que no mantenía ningún tipo de relación diplomática. En consecuencia, las autoridades soviéticas no dejaron viajar a ningún periodista chileno, y se llegó a rumorear que tenían planeado el secuestro de los jugadores para intercambiarlos por los prisioneros políticos del nuevo régimen dictatorial.

Consciente de la situación de tensión, la dictadura chilena, que había prohibido a sus ciudadanos viajar al extranjero, hizo una excepción para esta eliminatoria con el objetivo de aparentar normalidad. No obstante, los esbirros de Pinochet amenazaron a los integrantes de la expedición a Moscú, entre los que había jugadores como Carlos Caszely o Leonardo Véliz —cercanos ideológicamente a la Unidad Popular—, y les advirtieron que cualquier manifestación de carácter político conllevaría represalias contra sus familiares, que estaban bajo estricta vigilancia militar.

Esta tensión escaló otro peldaño cuando el Gobierno de Pinochet manifestó su intención de que el partido de vuelta se disputara en el Estadio Nacional de Santiago. La decisión desató la indignación internacional y la Unión Soviética, con la complicidad de la República Democrática de Alemania y de varios aliados en África y Asia, reclamó a la FIFA el traslado del partido, previsto para el 21 de noviembre, a un terreno de juego neutral, a causa de la flagrante vulneración de los derechos humanos que se vivía en Chile.

La petición fue rechazada tanto por Chile como por la FIFA, que, en octubre de 1973, envió una misión a Santiago para comprobar si era posible disputar el encuentro en el Estadio Nacional. Aquella expedición, encabezada por el secretario general de la federación, el suizo Helmut Käser, firmó uno de los informes más vergonzosos realizados jamás por la institución. Los enviados de la FIFA, que visitaron el recinto cuando aún albergaba a miles de prisioneros, escribieron:

> En el Estadio Nacional no hay prisioneros, sino únicamente detenidos de los que hay que esclarecer la identidad. El estadio está bajo custodia militar y solo se puede acceder a él con un pase especial. Dentro del recinto todo tiene una apariencia normal y los jardineros están trabajando en el césped. Los asientos y el terreno de juego están vacíos y los detenidos que quedan están en los vestuarios y en otras dependencias interiores. El césped está en perfectas condiciones, así como las gradas. Fuera del estadio hay entre cincuenta y cien personas esperando noticias de sus familiares todavía detenidos.

Como consecuencia de este informe, la FIFA, haciendo gala de su escasa sensibilidad, mantuvo el Estadio Nacional como escenario del partido de vuelta previsto para el 21 de noviembre de 1973. La Unión Soviética no cedió en su empeño de trasladar el partido a un terreno neutral y envió un telegrama al presidente de la FIFA, Stanley Rous, en el que afirmaba:

> Es bien sabido que como resultado del golpe de Estado fascista contra el Gobierno legal de la Unidad Popular, en Chile se vive una sangrienta atmósfera de terrorismo y represión. El Estadio Nacional, donde supuestamente debe jugarse el partido, ha sido transformado por la Junta Militar en un campo de concentración escenario de torturas y ejecuciones de patriotas chilenos. Por consideraciones morales, los

> deportistas soviéticos no pueden jugar en este momento en un estadio manchado con la sangre de patriotas chilenos.

La respuesta de la FIFA se limitó a recordar a la federación soviética que, en caso de que su selección no se presentara al encuentro sin un motivo justificado, se le daría por perdido. La URSS, por dignidad antifascista y por solidaridad con el pueblo chileno represaliado, no acudió a la cita en el Nacional. A pesar de ello, la federación chilena organizó una farsa de partido para ese mismo día al que acudieron poco más de diecisiete mil espectadores. Los chilenos saltaron sobre el césped del Estadio Nacional y marcaron un vergonzoso gol sin rival. La pantomima duró treinta segundos, tras los cuales la Roja disputó un partido amistoso frente al Santos brasileño, que acudió con su equipo reserva.

Gracias a la pantomima del Estadio Nacional, la selección chilena de la dictadura fascista garantizó su presencia en la Copa del Mundo de 1974. Las autoridades chilenas, no contentas con ello, exigieron una indemnización de doscientos mil dólares a la Unión Soviética por los gastos de preparación del encuentro. Una petición que la propia FIFA rechazó sonrojada.

En aquel Mundial, los partidos de Chile fueron escenario de múltiples protestas protagonizadas por exiliados y por militantes internacionales contrarios a la dictadura. En el plano deportivo, La Roja cosechó unos resultados más bien discretos, ya que cayó ante la anfitriona, la Alemania Federal (1-0), y empató contra la Alemania Democrática (1-1) y Australia (0-0), unos resultados que la mandaron de vuelta a casa en la fase de grupos.

Los hechos asociados a esa histórica repesca, sin embargo, permitieron a Pinochet comprender el potencial del fútbol a nivel social y político, lo que lo llevó a utilizar las victorias del principal equipo del país, Colo-Colo, para legitimar su régimen y ejercer una versión moderna del «pan y circo» romano. El general llegó a ser proclamado presidente de honor del club, a pesar de que buena parte de su masa social se oponía a sus políticas fascistas. Pese a su voluntad de convertirlo en un club de éxito internacional, Colo-Colo no pudo extender al ámbito global los triunfos que lograba en Chile, y no ganó su primer trofeo continental hasta 1991, cuando se proclamó campeón de la Copa Libertadores, con Augusto Pinochet ya fuera del poder.

A escala nacional, los años de la dictadura pinochetista coincidieron con un periodo triunfal de Colo-Colo. Esto contrasta con la decadencia que vivió el CD Universidad Católica, su rival tradicional, que no alzó ningún título durante la dictadura e incluso descendió de categoría, al tiempo que veía cómo le afectaba colateralmente la represión ejercida sobre los estudiantes y la institución a la que estaba asociada.

Con todo, más allá de la instrumentalización que llevó a cabo la dictadura, la relación entre el Chile de Pinochet y el fútbol será recordada por el ejercicio de dignidad antifascista que protagonizó la Unión Soviética, que pasará a la historia como un ejemplo de renuncia para denunciar la naturaleza inhumana de un régimen fascista y dictatorial.

Francia contra el racismo y la extrema derecha

El 12 de julio de 1998, Francia enloquecía al ver cómo su selección ganaba el Mundial que se celebraba en su propio territorio. Siguiendo el guion soñado, el combinado se impuso por 3-0 al Brasil de Ronaldo en el estadio de Saint-Denis. Cientos de miles de franceses tomaron las calles de una manera que no se veía desde la liberación de la ocupación nazi, en agosto de 1944, ni desde el Mayo del 68, que también puso patas arriba la Ciudad de la Luz.

Al margen del aspecto deportivo, la selección gala de 1998 tuvo un gran impacto porque se le atribuyó la representación de la Francia real, una sociedad multicultural formada por personas de origen diverso que compartían una misma condición nacional y unos mismos valores republicanos.

A ese equipo se le bautizó como la Francia *black-blanc-beur* (negra-blanca-magrebí), una consigna que se inspiraba en la bandera tricolor *bleu-blanc-rouge* (azul-blanca-roja). No en vano, la plantilla reflejaba esa pluralidad: estaba liderada por Zinedine Zidane, nacido en Marsella en el seno de una familia originaria de la Cabilia argelina, y contaba con jugadores como Bernard Lama, originario de la Guayana; Patrick Vieira, nacido en Senegal; Christian Karembeu, nacido en Nueva Caledonia; Marcel Desailly, nacido en Ghana; Lilian Thuram, nacido en Guadalupe; Thierry Henry, cuyo padre era originario de Guadalupe y la madre, de la Martinica; Alain Boghossian, nacido en Provenza pero hijo de una familia de origen armenio; Youri Djorkaeff, nacido en Lyon fruto del matrimonio entre una madre también armenia y un padre con raíces polacas y ruso-mongolas; y David Trezeguet, de origen argentino. A estos habría que añadir el vasco Bixente Lizarazu y el bretón Stéphane Guivarc'h.

La composición de aquella exitosa selección tenía un evidente componente antirracista que provocaba que el país se identificara con ella, considerándola un reflejo de su sociedad. Esta conexión entre el pueblo francés y el combinado nacional llevaba asociada la desarticulación de buena parte del discurso xenófobo del Frente Nacional (FN), el partido de extrema derecha que por aquel entonces lideraba Jean-Marie Le Pen.

Consciente de esta situación, el propio Le Pen ya se había manifestado de manera muy crítica con la composición diversa de la selección gala. El 23 de junio de 1996, un día después de que esta se clasificara para las semifinales de la Eurocopa que se celebraba en Inglaterra, Le Pen cuestionó la identidad francesa de varios integrantes del equipo. En un mitin en Saint-Gilles, el líder ultraderechista calificó de «extranjeros» a buena parte de los jugadores *bleus,* al tiempo que denunciaba a esos «falsos franceses que no cantan *La Marsellesa*» al inicio de los partidos.

Esas declaraciones sacudieron la escena política y deportiva francesa. Buena parte de la prensa le replicó afirmando que no se podía considerar extranjeros a jugadores procedentes de los departamentos y territorios de ultramar, máxime si se tiene en cuenta que Le Pen pretendía erigirse en representante del antiguo imperio colonial francés. Para dejar clara su posición, el político hizo una lista de los jugadores que, según su criterio, formaban parte de esos «falsos franceses»: «Desailly ha nacido en Ghana; Martins tiene la doble nacionalidad francesa y portuguesa, y ha optado por la nuestra únicamente para jugar en este equipo; Lamouchi y Madar son tunecinos; Loko, congoleño; Zidane, argelino; y Djorkaeff, armenio, a pesar de haber nacido en Francia».

Tras proponer lo que se parecía a una limpieza étnica, Le Pen añadió, irónico: «Estaría bien encontrar a jugadores franceses». Sus incendiarias palabras trasladaban al terreno futbolístico el modelo de país que defendía el fascismo del Frente Nacional. Renegando de la tradición francesa, que establece la nacionalidad en base al lugar donde uno vive y no por la sangre que teóricamente corre por sus venas, Le Pen mostraba su voluntad de construir una selección francesa —y por extensión, una Francia— étnicamente pura.

Los éxitos de 1998-2000 también desataron una oleada de nacionalismo a la que muchos militantes de la extrema derecha se adhirieron con entusiasmo, pese a que imágenes como el rostro de Zidane proyectado sobre el Arco del Triunfo tuvieran una fuerza integradora muy superior a la de muchos de los bienintencionados discursos realizados hasta entonces. La figura de la estrella del equipo llenó de orgullo a los jóvenes *beurs,* igual que lo hicieron entre los *blacks* la presencia de Thuram, Vieira o Desailly. No obstante, a pesar de la clara victoria contra el racismo que supuso el triunfo de esta selección, sus consecuencias no tuvieron la continuidad deseada.

Como hemos comentado en un capítulo anterior, durante el histórico amistoso entre Francia y Argelia celebrado en octubre de 2001, se escucharon silbidos en el Stade de France al sonar *La Marsellesa.* Procedían de jóvenes de origen argelino nacidos y criados en esa Francia pluricultural, y pusieron en evidencia el descontento de esa parte de la juventud, de origen migrante y residente en los barrios periféricos, que se resistía a abrazar la identidad francesa pese a tener la condición de ciudadanos de pleno derecho.

El éxito de Jean-Marie Le Pen en las elecciones de 2002, cuando superó al candidato socialista Lionel Jospin y, por primera vez, pasó a una segunda vuelta en la que fue ampliamente derrotado por Jacques Chirac, supuso un duro golpe para los partidarios de la integración y de la Francia *black-blanc-beur.* Con el avance del político ultraderechista y su discurso fascista y racista, aquella Francia multicultural a la que representaba la selección era puesta en duda.

Ante la posibilidad de que la ultraderecha llegara al poder, hubo varias reacciones contrarias en el terreno del fútbol. Seguramente, la más destacable fue la que protagonizó el Amicale Laïque de Dirac, un pequeño equipo *amateur* de la localidad de Dirac, con una población de poco más de mil trescientos habitantes, situada en el corazón de la Francia rural. Tras los resultados registrados en la primera vuelta, el club decidió disolverse al final de la temporada, argumentando que no quería representar a un municipio en el que la extrema derecha era la primera fuerza política. Pese a la oposición del alcalde y ante una situación que despertó la expectación de todo el país, el Amicale Laïque jugó su último partido el 12 de mayo de 2002, pocos días después de que Le Pen fuera derrotado en la segunda vuelta.

Entre octubre y noviembre de 2005, la integración de las nuevas generaciones surgidas de la inmigración volvió a instalarse en el centro del debate. La muerte de dos adolescentes perseguidos por la policía en Clichy-sous-Bois, a las afueras de París, desató una revuelta de inusitada violencia en los barrios periféricos de las principales ciudades del país. La victoria del combinado de 1998 quedaba ya lejos en el recuerdo, y fue percibida como un efímero espejismo. Con todo, la hazaña de aquella selección y su composición plural siguen siendo un referente para los que defienden una Francia sin racismo ni fascismo. Una Francia que, por desgracia, nos parece hoy bastante más lejana que durante el verano de 1998, pese a que ahora el país pueda presumir de una segunda estrella tras la victoria en el Mundial de Rusia de 2018. Ese triunfo llegó también gracias a una selección llena de franceses de múltiples orígenes, pero no tuvo el impacto social de aquel mítico equipo liderado por Zizou.

En 2024, igual que sucedió en 2002 con la victoria de Le Pen en la primera vuelta de las presidenciales, el resultado en los comicios europeos de la Agrupación Nacional (RN), formación heredera del FN, y la posibilidad de que pudiera acceder por primera vez al gobierno, puso al mundo del fútbol galo en estado de alerta. Durante la campaña, fueron muchos los integrantes de la selección que, desde Alemania, donde se hallaban concentrados para la disputa de la Eurocopa, alzaron la voz contra la extrema derecha y para llamar a sus conciudadanos a frenarla en las urnas. Finalmente lo consiguieron, ya que la Agrupación Nacional, pese a ser la formación más votada, quedó lejos en cuanto a escaños se refiere del Nuevo Frente Popular, la fuerza plural de izquierdas.

El jugador más contundente fue el defensa Jules Koundé, que pidió a los franceses que votaran contra un proyecto político que, a su parecer, no respetaba a una parte importante de la población y pretendía dividir a la sociedad. A Koundé lo habían precedido significativas figuras de la selección, como Ousmane Dembélé o Kylian Mbappé, si bien este último, antes de la primera vuelta de las legislativas, llamó a votar «contra los extremos», en unas polémicas declaraciones que parecían pedir el sufragio para la formación del presidente Macron, a la vez que equiparaba el proyecto político de extrema derecha con el recientemente creado Nuevo Frente Popular.

Volviendo atrás en el tiempo, es interesante contextualizar que el Frente Nacional siempre ha mostrado aversión por el fútbol, puesto que es un deporte practicado en Francia sobre todo por las clases populares. Desde que empezó a gestionar ayuntamientos en 1995, cuando accedió a las alcaldías de Marignane, Toulon, Orange y Vitrolles, el partido desarrolló unas políticas que consistían en reducir las ayudas a las asociaciones de jóvenes de los barrios populares y, entre ellas, a los clubes de fútbol que representaban.

Esta política contra el fútbol se vio acentuada en 2014, cuando el FN accedió a once alcaldías. Desde entonces, las localidades bajo control del Frente/Agrupación Nacional han sido espacios hostiles para los clubes de fútbol, a los que han querido ahogar económicamente.

Curiosamente, esta es la misma extrema derecha que en 1978 defendió que el deporte y la política no debían mezclarse cuando evitaron el boicot de la selección francesa a participar en la Copa del Mundo que se celebró en la Argentina de Videla. Sin embargo, en 2022, no dudaron en exigir que a Catar le fuera retirada la organización del Mundial, y en varias ocasiones se han mostrado contrarios al poder que los cataríes tienen en el seno del Paris Saint-Germain.

Todas estas decisiones dibujan una Agrupación Nacional que, igual que su predecesora, es una organización poco amiga del fútbol. Del mismo modo, las manifestaciones públicas contra la extrema derecha también tienen en Francia una larga trayectoria, en respuesta a la xenófoba y persistente oposición a la pluralidad del país, y han encontrado poderosos estandartes como la selección campeona del mundo en 1998, sus epígonos de 2018 o la actual plantilla, que sigue alzando la voz contra el fascismo para hacer de Francia la república multicultural y tolerante que merece ser.

Un club árabe en el corazón de Israel

En la actualidad, uno de los territorios donde el racismo se manifiesta a diario de forma más cruenta es el Estado de Israel. Más allá de la represión que ha ejercido históricamente sobre los territorios palestinos de Cisjordania y Gaza, Israel ha sido escenario de recurrentes muestras de racismo contra su población de origen árabe, que representa un porcentaje cercano al 20% de los ciudadanos del país, dos millones de los aproximadamente diez que allí viven.

El fútbol israelí es también un fiel reflejo de esta situación de discriminación. El racismo está presente en las gradas de buena parte de los estadios del país. Algunos casos merecen especial énfasis, como el del Beitar de Jerusalén, club vinculado al Likud, un partido con posiciones de extrema derecha. Nació a partir del movimiento juvenil sionista Betar y, con el tiempo, ha conformado una base de simpatizantes caracterizada por sus posiciones nacionalistas de extrema derecha y su racismo antiárabe. Su grupo ultra, conocido como La Familia, suele aclamar a los líderes del Likud, como Ariel Sharon o Benjamin Netanyahu, al tiempo que lanza proclamas racistas contra los jugadores árabes de otros clubes de la liga.

Compartiendo la posición de sus aficionados, el Beitar nunca ha tenido en sus filas a un futbolista árabe. Sus rivales más odiados son los clubes palestinos, a los que evita enfrentarse, y los equipos árabes israelíes, es decir, aquellos que provienen de las poblaciones mayoritariamente árabes ubicadas dentro del Estado de Israel.

El primer club árabe en competir en la primera división del fútbol israelí fue el Hapoel Tayibe FC, un equipo originario de la ciudad de Tayibe, situada en el centro del país y caracterizada por tener una población formada solo por ciudadanos árabes. Este club ascendió a la máxima categoría israelí en 1996, pero su paso por la primera división fue efímero, ya que en la temporada siguiente terminó en último lugar. Ese año, el Beitar de Jerusalén se proclamó campeón. Tras sufrir varios descensos en las campañas posteriores, el Hapoel Tayibe desapareció en el año 2003.

El camino trazado por este equipo pionero fue seguido por dos nuevos clubes árabes que lograron el ascenso a la máxima categoría el mismo año en que el Hapoel Tayibe certificó su desaparición. El primero fue el Maccabi Ahi

Nazareth FC, un conjunto originario de Nazaret, la ciudad considerada como la «capital árabe» de Israel, que también tuvo un paso fugaz por la categoría, ya que bajó a segunda división en la misma temporada de su debut. El otro era el Bnei Sakhnin FC, originario de Sakhnin, una localidad norteña cuya población también estaba formada íntegramente por ciudadanos de origen árabe. La coexistencia de estos clubes en la primera división israelí durante la temporada 2003/04 fue un hecho insólito. Como es de suponer, los partidos que los enfrentaban a clubes judíos, y en especial al Beitar de Jerusalén, estuvieron llenos de muestras de racismo por parte de los aficionados hebreos más radicales.

La principal hazaña de un club árabe en Israel llegó al final de esa misma temporada, cuando el Bnei Sakhnin logró, contra todo pronóstico, proclamarse campeón de la Copa de Israel tras superar al Hapoel Haifa. La final se disputó el 18 de mayo de 2004 en el estadio Ramat Gan de Tel Aviv.

Ese singular campeón de Copa, el único equipo árabe que ha logrado conquistar un título en Israel, representaba todo lo contrario al Beitar de Jerusalén. Si bien el de Sakhnin era un club árabe, estaba formado por jugadores árabes y judíos, de confesiones religiosas que iban del islam al cristianismo, pasando por el judaísmo, y sus apoyos provenían de la población árabe de su propia localidad, pero también del resto de Israel y de sectores judíos que simpatizaban con la izquierda y las políticas antirracistas.

La hazaña desencadenó reacciones muy diversas en todo el país. La población árabe y la izquierda israelí celebraron la victoria de un club que tenía un evidente carácter antirracista, pero los simpatizantes de la extrema derecha pusieron el grito en el cielo. Así lo demuestra la necrológica que pagaron los ultras de La Familia en el periódico de mayor difusión del país, el *Yedioth Ahronoth,* en la que anunciaban la muerte del fútbol israelí.

El éxito del Bnei Sakhnin representó el triunfo de una parte de la población a la que se consideraba ciudadanos de segunda, que vivía en la sombra y que, al menos tras la victoria de su club, pudo presumir con orgullo de su identidad árabe. La victoria también conllevó la participación del Bnei Sakhnin en la siguiente edición de la Copa de la UEFA, lo que lo convirtió en el primer y hasta la fecha único equipo de la minoría árabe en Israel que ha participado en una competición europea. En su aventura europea, los de Sakhnin eliminaron al Partizani de Tirana en la primera ronda y, en la siguiente, cayeron ante el Newcastle inglés, quedándose a las puertas de la fase de grupos.

En 2005 llegó un cambio importante en la estructura del club, cuando un multimillonario judío de origen ruso llamado Arkady Gaidamak se convirtió en uno de sus principales mecenas y en su presidente. Gaidamak argumentó que quería contribuir a la paz y a la armonía entre los habitantes de Israel. Cabe añadir el sostén económico que el Estado catarí brindó al club, financiando de manera íntegra la construcción de un nuevo terreno de juego que, por esta razón, lleva el nombre de estadio de Doha.

El capitán del equipo, Abbas Suan, nacido en la misma Sakhnin, se convirtió en un símbolo para los ciudadanos palestinos residentes en Israel. A propósito del triunfo de 2004 declaró que «en el momento de ganar la Copa me sentí orgulloso de la victoria por todos los árabes de Israel y por el hecho de que, a través del fútbol, pudiéramos contribuir a salvar el abismo existente entre las distintas comunidades». Suan fue traspasado al Maccabi de Haifa y estuvo a punto de convertirse en el primer jugador árabe en vestir la camiseta del Beitar de

Jerusalén, una posibilidad que los aficionados del club rechazaron abiertamente, a pesar de tratarse de uno de los mejores futbolistas de la selección israelí en aquel momento.

El caso del Bnei Sakhnin y de su exitosa plantilla multiétnica consiguió combatir el racismo latente en buena parte de los terrenos de juego israelíes. Este ejemplo demuestra que el fútbol también puede contribuir a confrontar la discriminación sufrida por la población árabe en Israel, una utopía que, sin embargo, parece hoy bastante más lejana que tras aquella histórica victoria en 2004.

Con el antifascismo por bandera

Si en las primeras décadas del siglo XXI ha habido un club identificado con la causa antifascista, ese es el FC St. Pauli. Esta entidad centenaria, originaria del barrio de Hamburgo del que toma el nombre, cuenta con centenares de miles de seguidores en todo el mundo, sobre todo debido al simbolismo político que se le asocia. Su posicionamiento ha provocado que, a menudo, sus simpatizantes hayan sido objeto de la ira de las aficiones de extrema derecha de toda Europa, pero también le ha servido para construir una identidad basada en los ideales de justicia, respeto e igualdad.

Con todo, debemos apuntar que su prestigio antifascista ha quedado manchado a raíz de la posición adoptada tanto por la entidad como por sus grupos de aficionados locales en relación con la causa palestina y el conflicto de Gaza desde los acontecimientos del 7 de octubre de 2023. Esto ha provocado la disolución de varios de sus clubs de fans internacionales, que no entendían que un equipo con una postura tan categórica contra el racismo y el fascismo no se solidarizara con la causa palestina y alzara la voz ante las atrocidades cometidas en la franja de Gaza. Esta paradójica situación, que tiene sus raíces en el sentimiento de culpa que siente la sociedad alemana por el Holocausto que perpetró el régimen nazi, ha generado importantes contradicciones en el seno del St. Pauli, pero no ha cambiado el rumbo antifascista y antirracista que caracteriza al equipo de Hamburgo.

La transformación del club en un icono antifascista tuvo lugar en los años ochenta, cuando el St. Pauli modificó su naturaleza, pasando de ser un equipo tradicional de barrio —despolitizado, y que incluso se había alineado en su día con el régimen nazi— a convertirse en un estandarte de culto para los jóvenes alemanes con ideas izquierdistas, ya fueran comunistas o anarquistas. En buena parte, este cambio vino motivado por la ubicación de su estadio, construido en 1961 en uno de los epicentros de la vida nocturna de Hamburgo.

La situación tuvo un efecto llamada sobre los jóvenes alternativos que frecuentaban la zona y que querían huir de las gradas del principal equipo de la ciudad, el Hamburger Sport Verein, infestadas de aficionados con ideas de extrema derecha. Estos nuevos aficionados fueron clave para configurar la leyenda del club. De ellos surgió la idea de adoptar la bandera pirata como símbolo de la entidad, que hoy se utiliza como parte del marketing oficial y se ha convertido en una seña de identidad antifascista.

Además, el St. Pauli adoptó una medida que resultaría decisiva para configurar su nueva personalidad: la prohibición en su estadio de símbolos nazis y de extrema derecha. Lo hicieron en una época en que las gradas de media Europa estaban llenas de simpatizantes neonazis que buscaban hacer proselitismo entre los jóvenes. Con esta medida, el club despertó simpatías en todo el mundo y terminó convertido en una entidad de culto asociada al imaginario punk y alternativo, siendo incluso homenajeado por varias canciones y artistas de diversa índole.

Esta condición llevó asociada una práctica democrática que otorga a sus aficionados una gran influencia sobre la toma de decisiones. En 2002, la masa social obligó a retirar la publicidad del club de la revista *Maxim* por la visión denigrante que esta daba de la condición femenina. Asimismo, el St. Pauli se declaró en sus estatutos abiertamente contrario al racismo, al fascismo, al sexismo y a la homofobia, convirtiéndose en un pionero a escala mundial.

Las buenas intenciones del club tienen su correlato en el ejemplo de muchos de sus integrantes. Uno de sus presidentes, Cornelius Littmann, que ejerció el cargo entre 2002 y 2010, era un antiguo actor de teatro que dirigía dos prestigiosas salas en Hamburgo, se declaraba abiertamente homosexual y tenía una larga trayectoria como activista en defensa de los derechos LGTBIQ+ y del movimiento ecologista.

De entre los ídolos deportivos del club identificados con la causa que representa, cabe destacar a Volker Ippig, portero del equipo entre 1986 y 1992, que vivía en una casa okupa del barrio y había participado en un proyecto de cooperación con la población de la Nicaragua sandinista. Los okupas que históricamente han residido en el distrito de St. Pauli forman uno de los apoyos más fieles del club, lo que hace que las reivindicaciones del movimiento *squatter* estén siempre muy presentes en las gradas del estadio Millerntor.

La posición política del club y de sus aficionados propició una estrecha amistad con el Celtic de Glasgow, otro equipo caracterizado, como ya hemos visto, por el antifascismo y el antirracismo de sus aficionados, vinculados con el movimiento republicano irlandés. Con todo, hay que apuntar que la posición que ha tomado el equipo de Hamburgo en relación con la situación que se vive en Gaza ha enfriado esta camaradería, puesto que los aficionados del Celtic sí que han mostrado su solidaridad con el pueblo palestino.

Otras gradas contra el fascismo

Aunque la del St. Pauli sea la afición antifascista más célebre del planeta, no es la única que reivindica la lucha contra el fascismo desde las gradas. Es cierto, no obstante, que la tradición suele asociar el mundo de los aficionados radicales con los movimientos de extrema derecha, al tiempo que muchos no han tenido ningún reparo en mostrar simbología nazi o fascista, o en proferir insultos discriminatorios.

Fue en el fútbol británico donde surgieron los primeros grupos violentos que apoyaban a su equipo tanto dentro como fuera de los terrenos de juego. En los años setenta y ochenta, partidos de extrema derecha como el National Front o el British National Party utilizaban los estadios para ampliar su base militante y difundir su discurso excluyente. Las gradas de algunos equipos como el Chelsea, el Millwall y el Leeds se convirtieron en esa época en espacios de elevada actividad fascista.

Esta moda británica no tardó en dar el salto al resto del continente, donde la mayoría de los grupos ultras también optaron por ideologías de extrema derecha, como fue el caso de los Ultras Sur del Real Madrid, los Boixos Nois del Barcelona, los Irriducibili de la Lazio o los Boulogne Boys del PSG, entre muchos otros. Esta corriente provocó que una porción significativa de los jóvenes hinchas que se ubicaban tras las porterías de los estadios adoptasen actitudes extremistas, ya fuera por convicción, por imitación o por voluntad de mostrar una imagen de radicalidad. En muchas partes del continente, se empezó a identificar a un miembro de un grupo ultra de animación con un fascista en potencia.

A pesar del abrumador dominio que ejercía la extrema derecha en estos espacios, en Europa también existían honrosas excepciones como las que representaban el Celtic de Glasgow, el Athletic Club de Bilbao o el Olympique de Marsella. Estas y otras aficiones funcionaron como un trampolín para el auge de los grupos de animación antifascistas y antirracistas, precisamente con la voluntad de cuestionar la hegemonía de la ideología contraria.

En Italia se empezó a organizar de forma anual el Raduno Antirazzista Internazionale (Encuentro Antirracista Internacional), una reunión de grupos de animación procedentes de todo el continente. En Francia se impulsó la creación del Réseau de Supporters de Résistance Antiraciste (Red de Aficionados de Resistencia Antirracista), en cuyo seno se integraron buena parte de los grupos definidos como tales para realizar acciones contra el racismo en el mundo del fútbol. En España, a su vez, la publicación alternativa *Torcida Antifeixista* pretendía congregar a los grupos identificados con posiciones antifascistas, sentando un precedente de cara a los tiempos venideros.

Sin embargo, el intento más trascendente de crear una red internacional de aficionados contra el fascismo tuvo lugar en Frankfurt, en noviembre de 2007, impulsado por los seguidores del St. Pauli y que se tradujo en la fundación de Alerta Network! Se presentó como un movimiento antifascista formado por aficionados al fútbol críticos con el racismo, la xenofobia o el auge de la ideología fascista tanto en el mundo del balón como en la sociedad en general.

Más allá de apoyar a sus equipos, los integrantes de esta red realizaban campañas de alcance internacional sobre asuntos como el apoyo a los refugiados o la recuperación de la memoria histórica de la Resistencia que combatió la expansión del fascismo y el nazismo.

Entre los grupos de aficionados que formaron Alerta Network! se encontraban los seguidores del St. Pauli, pero también los de otros muchos clubes europeos como la Green Brigade del Celtic de Glasgow, las Brigadas Amarillas del Cádiz CF, los Bukaneros del Rayo Vallecano o el Frente Blanquiazul del CD Tenerife, entre otros. También resultó destacable la integración de los aficionados más radicales del Hapoel de Tel Aviv, un club asociado al movimiento laborista israelí con posiciones de izquierdas del que volveremos a hablar en el capítulo siguiente.

La existencia de estos grupos demuestra que el combate contra el fascismo se libra también en las gradas, unos escenarios que, demasiado a menudo, han ejercido de focos propagandísticos donde la extrema derecha ha encontrado uno de sus mayores espacios de reclutamiento.

POR LAS LIBERTADES DEMOCRÁTICAS, LA JUSTICIA SOCIAL Y LA IGUALDAD DE GÉNERO

Como hemos comprobado a lo largo de los capítulos anteriores, en muchos lugares donde la disidencia ha sido perseguida, los estadios de fútbol se han transformado en uno de sus pocos refugios. Terrenos de juego de todos los rincones del mundo se han convertido en escenarios desde los que clamar por las libertades más básicas, empezando por la libertad de expresión.

Al lado de este fútbol comprometido ha existido un fútbol que no se ha olvidado del combate por la justicia social, con el afán de construir un mundo mejor y más igualitario. Esta concepción del deporte rey, alejada del negocio multimillonario en el que se ha convertido, se encuentra todavía presente en diversas expresiones de carácter popular, fuertemente comprometidas con el cambio social. Estas manifestaciones distan de ser mayoritarias, pero nos muestran que, a pesar de que el fútbol moderno se ha transformado en un espectáculo mercantilizado, aún existe quien ve en este deporte una herramienta redentora. Una herramienta que también ha servido a la lucha por la igualdad de género, haciendo del derecho de las mujeres a practicar este deporte —y a ser reconocidas por ello— una parte más del combate por la emancipación femenina.

El equipo de la Solidaridad polaca

En la Polonia comunista, los estadios de fútbol fueron escenario de protestas contra el Gobierno. La ciudad portuaria de Gdańsk fue uno de los principales focos de contestación. Esta urbe industrial norteña ha tenido un papel crucial en la historia polaca reciente. Durante la segunda mitad del siglo XX, Gdańsk fue el gran símbolo de la industrialización promovida por el Gobierno polaco tutelado por la Unión Soviética. Sus astilleros acogieron protestas como las del sindicato Solidarność, Solidaridad. Fundado en 1980, desde su nacimiento agrupó a más de nueve millones de afiliados y reclamaba el fin del régimen de partido único y la transformación de Polonia en una democracia pluripartidista. Su existencia supuso tal amenaza para el Gobierno que el primer ministro, Wojciech Jaruzelski, lo declaró ilegal y decretó la ley marcial para perseguir sus actividades. Contrariamente a lo que Jaruzelski pretendía, estas medidas no hicieron sino aumentar las simpatías de la población por el sindicato, que encontró en un club de fútbol uno de sus apoyos más fieles.

Y es que, más allá de los astilleros, otro de los escenarios de la ciudad que acogió las protestas de los simpatizantes del sindicato fue el estadio donde disputaba sus partidos como local el Lechia de Gdańsk, un club con importante significación nacionalista. En los años ochenta, sus gradas se convirtieron en uno de los principales espacios de contestación al régimen. La denominación Lechia evocaba uno de los nombres poéticos con los que históricamente se había designado a Polonia. Este hecho reforzaba la idea de que el club y su masa social representaban las esencias históricas de la patria polaca, caracterizada por el catolicismo, que el socialismo de inspiración soviética había pervertido.

Solidaridad y Lechia tuvieron trayectorias paralelas en los años ochenta, cuando tanto el sindicato como el club vivieron su mejor época. El Lechia consiguió, en junio de 1983 y todavía bajo la ley marcial, el mayor hito deportivo de su historia, cuando se alzó con la Copa de Polonia. No repetiría este éxito hasta 2019, y en ambas ocasiones la victoria fue acompañada por el triunfo en la Supercopa polaca. Hoy en día, estos son los cuatro principales títulos que el equipo de Gdańsk luce en sus vitrinas.

El éxito de 1983 tuvo, con todo, un sabor especial, ya que el equipo lo consiguió en un contexto marcado por la represión. En una final con clara lectura política, el Lechia se impuso por 2-1 al Piast de Gliwice en el estadio Piotrków Trybunalski. El triunfo copero permitió al Lechia participar por primera vez en una competición europea, la Recopa de la temporada 1983/84, en la que se enfrentó a la Juventus de Turín en la primera ronda. Pese al resultado favorable a los transalpinos, la eliminatoria permitió internacionalizar la causa del sindicato Solidaridad.

Tras casi una década de movilizaciones que se extendieron por todo el país, en 1988 Solidaridad consiguió forzar al Gobierno a convocar unas elecciones parcialmente libres que, celebradas en junio de 1989, dieron un histórico triunfo a la propia Solidaridad. La condición inicial del sindicato había evolucionado hasta transformarse en una fuerza política que aglutinaba a la oposición anticomunista. Solidaridad consiguió casi todos los escaños en juego, pese a que, fruto de los acuerdos previos, el Partido Obrero Unificado Polaco y sus aliados conservaron la mayoría en la cámara baja. El abrumador triunfo electoral de Solidaridad supuso la antesala del fin de un régimen que desapareció por completo cuando, al año siguiente, Lech Wałęsa, histórico dirigente del sindicato y acérrimo seguidor del Lechia, accedió a la presidencia de Polonia.

Los aficionados más radicales del club celebraron con un entusiasmo desmedido el final del socialismo y la llegada al poder de Solidaridad. A partir de entonces, fue habitual ver en el estadio del Lechia pancartas que atribuían a sus seguidores un papel crucial en la caída del régimen. Algunas de ellas proclamaban consignas como «Hemos hecho historia» o «En los árboles, en lugar de hojas, vamos a colgar a los comunistas», un violento eslogan que los ultras del club habían popularizado durante los años de lucha.

En la década de los noventa, la principal sección de aficionados del equipo se convirtió en un grupo de radicales caracterizados por su furibundo anticomunismo y por abrazar ideales fascistas y racistas. Atrás quedaba el tiempo en el que estaba formado por los obreros sindicados de los astilleros. La contestación contra la falta de libertades del régimen socialista en los años ochenta había dejado paso a ideas de extrema derecha: un triste final para la historia de un club que antaño quiso representar los ideales de la democracia frente al totalitarismo.

Bajo los adoquines, el césped

El 2 de mayo de 1968, la ocupación de la Sorbona dio el pistoletazo de salida a un Mayo francés en que las movilizaciones de los universitarios se extendieron por todo el país. Los sucesos surgieron de las protestas estudiantiles contra la guerra de Vietnam y del anhelo de mayor libertad de los jóvenes franceses, y se convirtieron en la mecha que encendió una rebelión que puso contra las cuerdas al Gobierno del general Charles de Gaulle y que, por un momento, pareció capaz de derrocar el sistema.

Un elemento clave para esta eclosión fue la huelga general del 13 de mayo, que selló una alianza entre obreros y estudiantes con el objetivo común de derribar al poder. La convocatoria se transformó en una huelga indefinida que paralizó el país y generalizó las ocupaciones, no solo de los edificios universitarios como la Sorbona, sino también de grandes fábricas como la de Renault.

El 22 de mayo, una nueva ocupación se añadió a las que se producían por centenares en todo el país. A las ocho de la mañana, un grupo de futbolistas *amateurs* de París y alrededores, encabezado por varios redactores de la revista *Miroir du football,* asaltó el número 60 bis de la avenue d'Iéna, en el corazón del distrito XVI de la capital. Allí se encontraba la sede de la Federación Francesa de Fútbol. Los ocupantes se instalaron en los despachos federativos y cambiaron por completo su aspecto, colgando una bandera roja en la fachada, acompañada de dos pancartas que proclamaban «El fútbol para los futbolistas» y «La Federación, propiedad de los 600.000 futbolistas». En el momento de la ocupación, sus impulsores publicaron un programa político que reclamaba «devolver a los 600.000 futbolistas y a sus millones de amigos lo que les pertenece: el fútbol que los pontífices de la federación les han expropiado para servir sus intereses egoístas de aprovechados del deporte».

En cierto modo, la ocupación de la federación francesa fue uno de los primeros actos de combate contra el fútbol entendido como un negocio. La voluntad de los ocupantes era liberar este deporte de la «tutela del dinero de pseudomecenas incompetentes que están en el origen de su podredumbre» y convertir de nuevo el fútbol en «eso que nunca debería haber dejado de ser: el deporte de la alegría, el deporte del mundo del mañana que todos los trabajadores han empezado a construir».

Mientras ocupaban la sede y publicaban sus reivindicaciones, los participantes retuvieron durante medio día a dos de sus principales directivos: el secretario general, Pierre Delaunay, acusado de heredar el cargo de manos de su padre «como un vulgar Luis XVI», y Georges Boulogne, responsable federativo de los entrenadores, al que reprochaban fomentar «un estilo físico, lleno de disciplina y de rigor, en detrimento de un juego bonito e inteligente» como el que defendían los románticos del *Miroir du football* en sus páginas.

El pequeño grupo de futbolistas y periodistas que tomó la sede federativa vio cómo el volumen de la ocupación aumentaba hasta el centenar de personas gracias a la difusión que hizo la radio. Al escuchar la noticia, otros jugadores *amateurs* de la región se sumaron a la protesta, como también lo hicieron André Mérelle y Michel Oriot, futbolistas del Red Star, que por aquel entonces era equipo de primera división. Fueron los únicos jugadores profesionales que participaron. Y aunque no llegó a pisar la sede federativa, Just Fontaine, una de las grandes leyendas del fútbol francés que acababa de empezar su carrera como entrenador, también mostró su apoyo a la ocupación.

El sindicato de futbolistas, por contra, consideró que los ocupantes mantenían posiciones excesivamente revolucionarias. A pesar de ello, sí que apoyó algunas de sus reivindicaciones, como el final de los contratos vitalicios que ataban a los jugadores con sus clubes hasta los treinta y cinco años, una medida que una de las grandes estrellas del fútbol galo, Raymond Kopa, tachó de «esclavista».

La ocupación se alargó seis días, hasta el 27 de mayo, cuando los participantes pusieron fin a la protesta al considerar que habían conseguido el objetivo de dar visibilidad a sus reclamaciones. La decisión fue tomada poco antes de que el presidente Charles de Gaulle convocara elecciones a la Asamblea Nacional, una medida que desactivó el movimiento obrero y estudiantil que ocupaba fábricas y facultades, y que comportó, tras la abrumadora victoria conservadora, el fin del sueño que se había vislumbrado durante aquel mayo en el que todo parecía posible.

Con todo, el legado de aquellos ocupantes no fue menor. Su acción abrió las puertas a la abolición definitiva del contrato vitalicio, que fue aprobada en 1973. También es cierto que, durante los años posteriores a la revuelta, los ocupantes de la sede fueron objeto de una feroz persecución federativa. Los jugadores *amateurs* que habían participado vieron su licencia temporalmente suspendida, y los pocos profesionales implicados tuvieron serias dificultades para encontrar equipo. Además, Boulogne, el responsable de los entrenadores al que los ocupantes echaban en cara su estilo conservador, fue designado seleccionador nacional en 1969.

Para la historia quedará, sin embargo, que en el Mayo del 68 un grupo de románticos protagonizó la primera gran protesta contra la mercantilización del deporte rey.

Un fútbol de clase obrera

A principios del siglo XX, a medida que se popularizaba en Europa y aumentaba su número de practicantes, el fútbol empezó a despertar el interés de distintas organizaciones con voluntad de captar a la juventud. Una de ellas fue la Iglesia católica, que animó a su práctica en Francia y en Bélgica siguiendo el ejemplo de los métodos empleados en el Reino

Unido. En el proceso llegó a crear una federación que organizaba sus propias competiciones al margen de los administradores oficiales del fútbol internacional.

El interés de la Iglesia ponía de relieve hasta qué punto el fútbol podía convertirse en un excelente vehículo de transmisión ideológica. Las federaciones católicas lo entendían como un mecanismo valioso para inculcar valores como la virtud, la piedad, la fraternidad o el altruismo, al tiempo que les servía para vincular a la juventud a entidades religiosas y atraerla a sus parroquias.

Esta tendencia provocó la reacción de los sectores laicos y de izquierdas, que decidieron impulsar clubes e instituciones que frenaran esa creciente influencia. Una de las iniciativas fue la que desarrolló el movimiento obrero, que defendió la práctica de un fútbol de clase trabajadora que también fuera transmisor de valores y de ideología, pero en un sentido distinto al de la Iglesia. Se fomentó así la creación de federaciones deportivas por toda Europa que se convirtieran en el tercer pilar de los sindicatos y los partidos políticos.

Respondiendo a su voluntad de internacionalizarse y de propiciar el intercambio entre trabajadores de distintos países, este primer fútbol obrero creó su propia federación internacional. Fue fundada en 1921 y estableció su sede en la localidad suiza de Lucerna. Esta nueva organización formaba parte de la Internacional Deportiva de Lucerna, una entidad auspiciada por la Internacional Socialista que agrupaba a distintas federaciones que organizaban actividades deportivas para difundir los valores del internacionalismo y el socialismo. Seguía la estela de la primera gran organización de tintes parecidos, la Comisión Internacional de Deportes Obreros, creada en 1913 en la localidad belga de Gante, que promovía los valores socialistas a través del deporte, pero en la que el fútbol no tenía cabida, y que se disolvió a raíz del estallido de la Primera Guerra Mundial.

Este fútbol obrero logró una gran implantación en muchos territorios, entre los que cabe destacar Alemania, donde llegó a contar con cerca de ciento cuarenta mil jugadores federados a comienzos de los años treinta. Los equipos de Dresde, Leipzig, Hamburgo o Berlín adquirieron notoriedad continental y sirvieron como instrumento al servicio de la internacionalización de la causa obrera. Un buen ejemplo de ello es un duelo que en octubre de 1924 protagonizaron el equipo de Dresde y una selección obrera francesa, auspiciado por la Internacional Deportiva. Celebrado a ida y vuelta, tenía como objetivo promover el entendimiento y la camaradería entre las clases trabajadoras francesa y alemana después del enfrentamiento vivido durante la Gran Guerra.

Antes de estos simbólicos partidos, en 1919, la fractura en el movimiento obrero mundial había propiciado el nacimiento, en el Moscú bolchevique, de la Internacional Comunista, también conocida como Tercera Internacional, que se separaba así de su predecesora, la Internacional Socialista o Segunda Internacional. Esta división tuvo su reflejo en el terreno del deporte y, en el mismo año en que se fundó la Internacional Deportiva de Lucerna, nació en Moscú la Internacional Roja Deportiva. Entre 1921 y 1937, actuó como una organización auxiliar de la Internacional Comunista en el ámbito del deporte. Esta nueva organización se oponía a la de Lucerna y escenificaba en el plano deportivo la ruptura entre comunismo y socialismo.

El fútbol obrero se expandió durante los años veinte, llenando de ideología la práctica de este deporte y contradiciendo a quienes lo entendían como una contribución a la paz mundial. Resulta interesante mencionar las palabras de

Pierre de Coubertin, el gran promotor de los Juegos Olímpicos modernos, quien señaló la capacidad del deporte rey para unir a las comunidades cuando apuntó que «para garantizar la paz social, sería conveniente crear un club de fútbol en cada localidad para unirla en base a una causa deportiva».

Esta idea encontró el rechazo frontal de los dirigentes del deporte obrero, que defendían que los trabajadores no debían lucir los mismos colores que sus enemigos de clase para dar una falsa sensación de paz, alegando que estas ideas solo servían a los intereses de la burguesía. A diferencia de lo que propugnaba Coubertin, el fútbol obrero pretendía acentuar la lucha de clases cultivando la solidaridad entre trabajadores. Este fútbol también rechazaba, a través de la camaradería y el espíritu fraternal, la competitividad despiadada que se fomentaba entre empresas y en el seno de estas.

El fútbol proletario sufrió una división a raíz de las tensiones ideológicas entre socialistas y comunistas, y este cisma llegó a su punto álgido en 1928, cuando la gira de un equipo soviético por Alemania desencadenó una fuerte batalla propagandística que provocó una ruptura total entre la Internacional Deportiva de Lucerna y la Internacional Roja Deportiva. Además, el acceso al poder de Adolf Hitler en 1933 terminó por frustrar la expansión del fútbol obrero en tierras germánicas y, por ende, en el resto de países de Europa.

Tras la Segunda Guerra Mundial, solo la Unión Soviética y el resto de los países socialistas mantuvieron viva la llama de un fútbol marcado por la ideología comunista y por sus inequívocas convicciones de clase.

Las Espartaquiadas, organizadas por la Internacional Roja Deportiva, se convirtieron en el principal acontecimiento deportivo entre equipos de fútbol obrero. Su primera edición se celebró en Moscú en el verano de 1928, con el objetivo de convertirse en una Olimpiada obrera y comunista que se contrapusiera tanto a los Juegos Olímpicos modernos como a la cita que la Internacional Deportiva de Lucerna organizó en 1925 en la ciudad alemana de Frankfurt. De esta última fueron excluidos los equipos federados en la Internacional Roja Deportiva.

Las Espartaquiadas tenían un nombre que, a ojos del comunismo soviético, evocaba la idea del internacionalismo proletario, ya que Espartaco era el personaje histórico que lideró una revuelta protagonizada por esclavos de distintos orígenes contra las desigualdades de la República romana.

Después de la cita moscovita, la Internacional Roja Deportiva trasladó su particular Olimpiada a Berlín, que acogió la Espartaquiada de 1931, y a París, que albergó una nueva edición en 1934. En esta última participaron atletas de dieciocho países y se presentó como un «encuentro internacional de deportistas contra el fascismo y la guerra». Ese mismo año, la capital francesa también acogió la Copa del Mundo de fútbol obrero, que terminó con triunfo de la Unión Soviética; el torneo pretendía ser una réplica comunista del Mundial de la FIFA cuya primera edición se había celebrado en 1930 en Uruguay, mientras la segunda iba a disputarse en la Italia fascista de Mussolini.

Antes de la disolución de la Internacional Roja Deportiva en 1937, esta entidad organizó dos Espartaquiadas de invierno en Oslo, en 1928 y en 1936. También se implicó en la promoción de la Olimpiada Popular de Barcelona que, en el verano de 1936, pretendía hacer sombra a los Juegos Olímpicos que ese mismo año acogía Berlín, por aquel entonces la capital del Tercer Reich.

La Internacional Deportiva de Lucerna, por su parte, había promovido la Olimpiada Obrera, cuya primera edición se celebró en Frankfurt en 1925. La segunda tuvo lugar en Viena en 1931 —mismo año en que se organizó, también, una versión invernal en la localidad austriaca de Mürzzuschlag—, y la tercera y última edición, en Amberes, en 1937. Fruto de la disolución de la Internacional Roja Deportiva de Moscú, esta tercera Olimpiada Obrera contó con la presencia de representantes soviéticos a pesar de la fractura ideológica, todavía latente.

Las Espartaquiadas y las Olimpiadas Obreras dejaron de celebrarse con la incorporación de la Unión Soviética al COI y con su participación en unos Juegos Olímpicos que sus autoridades tachaban de «burgueses». Con todo, la URSS mantuvo las Espartaquiadas como una competición interna en la que participaban representantes de las distintas repúblicas de la Unión. Este nuevo formato permitía la presencia de todos los deportistas, desde aquellos con carácter más *amateur* hasta los de más alto nivel. El modelo fue imitado por otros países del bloque socialista como Checoslovaquia o Albania.

La profesionalización del deporte terminó con la concepción idealista y militante del fútbol obrero, dando paso a su plena integración en los organismos oficiales internacionales. Esta transición contrasta con la creciente popularidad que adquiría el balompié, un deporte que, recogiendo simbólicamente el testigo de su vertiente proletaria, era practicado en calles y plazas de todo el planeta.

Los clubes obreros de la izquierda israelí

Los clubes de fútbol obrero que nacieron a comienzos del siglo XX inspiraron a una parte importante del movimiento socialista mundial. Uno de los territorios donde esta idea cuajó con particular fuerza fue Palestina, que había formado parte del Imperio otomano y que, con el estallido de la Gran Guerra, fue ocupada por el Reino Unido, que obtuvo un mandato de las Naciones Unidas para gestionar la región tras el conflicto.

En Palestina, los sectores políticos vinculados al socialismo con carácter sionista impulsaron la creación de clubes asociados a las ideas marxistas. El decano de estos equipos fue el Hapoel de Tel Aviv. Sus orígenes se remontan a 1919, cuando nació el club Allenby, una entidad deportiva formada por jóvenes trabajadores que todavía no estaba politizada, como lo demuestra que tomara el nombre de la calle Allenby de Tel Aviv, que a su vez hacía referencia al mariscal inglés Edmund Allenby, responsable de la conquista británica de Palestina durante la guerra.

Aquel equipo de barrio se convirtió en el actual Hapoel en 1923, cuando la entidad adquirió un carácter marcadamente político. Su existencia estaba promovida por la central sindical Histadrut, de orientación sionista y socialista. Su ideología quedaba además clara con el nombre, que en hebreo significa «el Obrero».

Fruto de la voluntad de expansión de este sionismo socialista, en los años veinte nacieron en Palestina otros clubes que también fueron bautizados con el nombre de Hapoel. Los equipos de Haifa, Jerusalén, Ramat Gan o Petah Tikva estaban asociados al sindicato Histadrut y al movimiento socialista, y se denominaban de la misma forma que la entidad pionera de Tel Aviv.

El surgimiento de todos estos Hapoel coincidió con el auge de otro de los grandes símbolos de la izquierda israelí: los kibutz, las famosas comunas surgidas en Palestina a partir de 1909, cuando un grupo de judíos originarios de Rusia crearon en esta región mediterránea el primer asentamiento agrícola socialista tras huir de su país a causa del fracaso de la Revolución de 1905.

En Israel, tras la crisis del mandato colonial británico sobre Palestina y el fracaso de los planes de partición auspiciados por Naciones Unidas, el auge del movimiento sionista desembocó en la guerra de 1948. El resultado fue el nacimiento del Estado de Israel, así como el final del sueño de una Palestina independiente en la que pudieran convivir judíos, cristianos y musulmanes.

A nivel deportivo, el nuevo orden implantado con el flamante Estado propició la creación de un campeonato de liga y la profesionalización de los clubes. El fútbol israelí se convirtió en un reflejo de la lucha política que se producía en el país: mientras los Hapoel representaban al sindicalismo, al movimiento socialista y a proyectos comunitarios como los kibutz, los Maccabi estaban asociados a la clase media hebrea, inclinada hacia posiciones políticas conservadoras. Y los Beitar, con el de Jerusalén a la cabeza, representaban a la extrema derecha nacionalista.

Fiel a la simbología izquierdista, el Hapoel de Tel Aviv recogía en su escudo una hoz y un martillo acompañados de la silueta de un obrero. Todos sus homólogos utilizaban originalmente ligeras variaciones del mismo emblema, hasta que algunos de ellos lo abandonaron cuando fueron comprados por empresas privadas. La expansión del movimiento socialista había multiplicado la creación de clubes con ese nombre y ese compromiso.

Los aficionados del Hapoel de Tel Aviv eran conocidos como «los comunistas», y todavía en nuestros días el comunismo sigue siendo un elemento clave para entender la identidad de su masa social. Las banderas rojas, los distintivos con la hoz y el martillo o la imagen del Che Guevara forman parte de la iconografía que puede verse en las gradas del estadio municipal de Bloomfield. Cabe matizar que esta iconografía está alejada de la que defienden sus dirigentes, más próximos al laborismo.

El peso de la ideología izquierdista en el club hace que los partidos que lo enfrentan al Beitar de Jerusalén trasciendan el ámbito deportivo. Para ejemplificar hasta qué punto esta rivalidad pone de manifiesto las tensiones políticas, basta con remontarnos al 19 de mayo de 1999, cuando, dos días después de las elecciones generales que dieron la victoria a la formación laborista Ehud Barak, ambos equipos se enfrentaron en la final de la Copa de Israel. Durante aquel tenso partido, que el equipo de Tel Aviv ganaría en la tanda de penaltis, los aficionados del Hapoel desplegaron una gran pancarta en la que podía leerse: «Os jodimos en las elecciones y os volveremos a joder sobre el terreno de juego». Hacía referencia a que el Likud, el partido que hoy lidera Benjamin Netanyahu, acababa de obtener los peores resultados de su historia.

El Hapoel de Tel Aviv sigue representando a los elementos más izquierdistas de la sociedad israelí. A pesar de estar vinculado en su origen al sionismo socialista, fue uno de los primeros clubes de Israel en abrir sus puertas a jugadores y aficionados árabes, un hecho que, si bien amplió sus simpatías entre la población palestina, le valió duras críticas por parte del sionismo tradicional y de la derecha hebrea.

En la actualidad, a causa de la modernización del fútbol, muchos Hapoel han pasado a estar gestionados por manos privadas, lo que ha provocado que algunos hayan perdido su sentido ideológico original. Con todo, la mayoría de sus aficiones se siguen identificando con la izquierda, el laborismo y el comunismo israelí.

Esta significación ideológica propició el hermanamiento del Hapoel de Tel Aviv con el St. Pauli. Esta alianza —añadida al pasado alemán con la cuestión judía— motivó que, tras los ataques de Hamás del 7 de octubre de 2023, el club de Hamburgo y su afición se solidarizaran con el Hapoel, provocando la ira de sus seguidores, alineados con la defensa de la causa palestina. Se calcula que una treintena de los muertos en esos ataques eran simpatizantes del Hapoel.

El apoyo del club a las acciones de Benjamin Netanyahu le ha valido la pérdida de algunas amistades internacionales, pero también ha sido atacado por los aficionados radicales de otros clubes judíos, no tanto por su postura política como por el hecho de contar con numerosos ciudadanos árabes entre sus aficionados. Desde luego, el club afronta en estos tiempos una complicada etapa en lo que respecta a dilemas morales.

El equipo de la Italia roja

El Livorno es el club que recoge las simpatías de los comunistas italianos. La actual Unione Sportiva Livorno 1915, nombre que adoptó tras su refundación en 2021, compite en la Serie C, pero su entidad predecesora participó durante dieciocho temporadas en la máxima categoría del *calcio*. El histórico Livorno es el equipo transalpino con mayor carga política, lo que lo ha llevado a ser conocido en todo el mundo por la ideología que mayoritariamente profesa su masa social.

Teniendo en cuenta la historia de la ciudad, no es extraño que las ideas marxistas-leninistas calen entre sus aficionados, ya que esta localidad en el corazón de la Toscana fue la cuna, en 1921, del Partido Comunista Italiano (PCI). Desde entonces se ha caracterizado por ser uno de los principales fortines de la izquierda marxista en el país. Ciudad portuaria con una potente tradición obrera, Livorno es todo un símbolo para la izquierda italiana.

El Livorno siempre ha tenido una masa de aficionados formada por obreros con ideas comunistas, lo que lo ha convertido en antagonista de otros clubes con marcada significación fascista. Entre ellos cabe destacar a la Società Sportiva Lazio de Roma, que contaba con la simpatía de Mussolini y que en la actualidad es animada por una legión de aficionados que defienden abiertamente ideas de extrema derecha.

Ambos equipos desarrollaron una rivalidad caracterizada por sus posiciones políticas antagónicas. Enfrentados dentro y fuera del terreno de juego, Livorno y Lazio también escenificaban esta confrontación en sus plantillas a través de las figuras de, por un lado, Cristiano Lucarelli, delantero del Livorno durante cuatro temporadas, hijo de la ciudad y heredero de la ideología de unos padres obreros y comunistas; y, por el otro, Paolo Di Canio, jugador de la Lazio durante cinco temporadas y de ideas abiertamente fascistas que lo llevaban a realizar de forma recurrente el saludo romano.

El ascenso de Lucarelli como icono de los comunistas italianos tuvo lugar en 1997, varios años antes de vestir la camiseta de su amado Livorno. Sucedió cuando el joven celebró un gol con la selección italiana sub-21 ante Moldavia enseñando una camiseta con el rostro del Che Guevara, que llevaba bajo el uniforme del combinado nacional. Ese gesto le valió la reprimenda de la federación italiana, pero le sirvió para ganarse las simpatías de los militantes comunistas.

Tras una trayectoria que lo llevó por varios equipos de la Serie A y otras ligas europeas, Lucarelli se decidió a fichar por el club de sus amores cuando este logró el ascenso a la Serie B. En el proceso de contratación, renunció a un sueldo mucho más elevado del que terminaría cobrando en el club, tal como quedó recogido en la frase que le espetó a su agente Carlo Pallavicino: «¡Que se queden con sus millones!». Su incorporación fue de la mano con el renacimiento del Livorno, que en 2004 ascendió a la Serie A y poco después consiguió clasificarse para participar en competiciones europeas.

Siguiendo la estela ideológica que impregnaba al club y la ciudad, en 1999 nacieron las Brigate Autonome Livornesi (BAL), fruto de la fusión de varios grupos de aficionados que abrazaron los ideales que caracterizan al club para instalarse en la Curva Nord del estadio Armando Picchi. Como guiño y homenaje al año de su creación, Lucarelli eligió el dorsal 99.

Las BAL tuvieron, sin embargo, una existencia efímera, ya que fueron disueltas en 2003 después de protagonizar varios enfrentamientos con grupos de extrema derecha. Con todo, uno de los momentos más polémicos de su corta trayectoria fue el boicot al minuto de silencio que se guardó en el estadio del Livorno en memoria de los diecisiete soldados italianos muertos en un ataque suicida que tuvo lugar, en noviembre de 2003, en la ciudad iraquí de Nasiriya. Las BAL, que se oponían a la guerra de Irak y a la decisión del primer ministro Silvio Berlusconi de apoyarla, silbaron el homenaje de manera ostensible, desatando una agria polémica que aceleró su proceso de disolución.

La desaparición de las BAL no alteró la orientación ideológica de la Curva Nord del Armando Picchi, que vio nacer nuevos grupos que se mantenían fieles a las convicciones comunistas que siempre han identificado a la afición livornesa. A pesar del paso de los años y de la pérdida de influencia del comunismo entre la sociedad italiana, el Livorno y su afición siguen alzando la hoz y el martillo: también en nuestros días, son el club que simboliza a la Italia roja.

¡A la libertad por el fútbol!

A pesar de lo expuesto hasta ahora en este capítulo, una buena parte de la sociología del deporte considera el fútbol únicamente como un elemento al servicio del poder que demasiado a menudo ha sido utilizado con fines poco nobles. No obstante, siguiendo con nuestra exposición de casos que ponen en evidencia que, aunque sea en menor medida, también puede estar al servicio de las causas justas, resulta interesante exponer la historia de los Easton Cowboys and Cowgirls, un club de barrio nacido en 1992 en la localidad inglesa de Bristol, formado por punks, hippies e inmigrantes, cuya principal característica era su ideología libertaria.

Siendo uno de los clubes pioneros del fútbol popular, impulsaron múltiples iniciativas entre las que cabe destacar la disputa de un Mundial alternativo. En él participaron equipos que compartían una visión similar sobre el deporte y su papel en la lucha para transformar el mundo.

Uno de los hechos históricos que marcó su trayectoria fue la insurrección del Ejército Zapatista de Liberación Nacional (EZLN), que el 1 de enero de 1994 se levantó en defensa de los derechos de los pueblos indígenas y la justicia social. Desde el primer momento, el estado mexicano de Chiapas se convirtió en lugar de peregrinaje mundial para quienes simpatizaban con la causa del subcomandante Marcos y sus combatientes encapuchados. Desde el escritor portugués José Saramago a la activista guatemalteca Rigoberta Menchú, pasando por los también escritores Gabriel García Márquez o Eduardo Galeano, fueron muchísimas las personas, tanto anónimas como de gran relevancia pública, que durante una década se dieron cita en el México insurgente para conocer de primera mano las reivindicaciones zapatistas.

Con todo, ningún equipo de fútbol se había trasladado a Chiapas para dar su apoyo a la insurrección... hasta que lo hicieron los Easton Cowboys. En enero de 2001, viajaron a las comunidades zapatistas para enfrentarse a varios equipos locales en unos torneos organizados para la ocasión. La popular consigna de la que hacía bandera el equipo de Bristol, «¡A la libertad por el fútbol!», servía para trasladar su solidaridad con el movimiento, que a la postre acabó asumiendo ese lema como propio.

La pintoresca llegada a Chiapas del modesto equipo inglés no estuvo exenta de polémica en el plano político. En ocasiones anteriores, la prensa oficialista y el Gobierno mexicano ya se habían mostrado reticentes ante lo que consideraban un «turismo de guerrilla». Este hecho ya había provocado numerosas expulsiones de ciudadanos extranjeros desplazados hasta el territorio.

Con el objetivo de evitar una posible expulsión, los Easton Cowboys tuvieron en cuenta una ley sobre inmigración existente en el México de la época que permitía el acceso al país para la participación en competiciones deportivas. Dado que el club estaba adscrito a la federación de fútbol de Gloucester, tramitaron ante la FIFA un documento que los acreditaba como futbolistas que participaban en una misión de carácter deportivo.

A su llegada a Chiapas, el equipo realizó distintas actividades al margen del fútbol. La más reseñable fue su contribución económica a la instalación de un sistema comunitario de agua en la localidad de Morelia. Precisamente allí disputaron su primer partido. En aquel encuentro se enfrentaron a un equipo bautizado «Los Tres Mártires del 7 de Enero», una denominación que recordaba a tres campesinos de la localidad que habían desaparecido después de ser secuestrados y torturados por el ejército mexicano en los primeros días del levantamiento.

Durante los diez días que duró su gira por Chiapas, los de Bristol disputaron cuatro torneos en distintas localidades controladas por los zapatistas, siendo la más importante de ellas La Realidad, donde se ubicaba la comandancia del EZLN y donde hasta doce equipos locales esperaban enfrentarse a los ingleses. La disputa de estos singulares campeonatos causó sensación entre la comunidad indígena, que se volcó en la organización y en el seguimiento de los encuentros, al tiempo que hacía suyo el eslogan libertario de los Easton Cowboys.

La visita de este club no era la primera vez que los zapatistas utilizaban el fútbol para ganar apoyos para su causa. En marzo de 1999, coincidiendo con la celebración en Ciudad de México de un encuentro en favor de los derechos de los pueblos indígenas, se disputó un peculiar partido que enfrentó a una selección insurgente del EZLN con un combinado de futbolistas retirados dirigido por Javier Aguirre, que por aquel entonces entrenaba al Pachuca. El encuentro, disputado en el estadio Jesús Martínez «Palillo» de la capital mexicana y que terminó con un marcador de 3-5 favorable a los pupilos de Aguirre, tuvo una particularidad: los futbolistas de la selección del EZLN lo jugaron con pasamontañas y máscaras de esquí para proteger su identidad y evitar las posibles represalias del ejército mexicano. Pese a la derrota, con este partido los zapatistas emprendieron lo que para ellos era una larga marcha a través del fútbol hacia la libertad.

La relación del EZLN con el fútbol continuó en 2004 cuando el argentino Javier Zanetti, entonces capitán del Inter de Milán, lideró una recaudación de fondos entre sus compañeros para comprar medicamentos y enviarlos a las comunidades indígenas de Chiapas. La campaña de Zanetti contó con la complicidad de su propio club, que, entre otras acciones, proporcionó material deportivo a las comunidades zapatistas, hizo una donación a la Junta del Buen Gobierno de la localidad de Oventic —una institución comunitaria bajo control zapatista— y compró una ambulancia para el hospital de San Cristóbal de las Casas.

El gesto solidario del Inter y de sus jugadores provocó la respuesta del EZLN, que, a través del subcomandante Marcos, nombrado jocosamente «director técnico y encargado de relaciones intergalácticas de la selección zapatista de fútbol», trasladó al equipo italiano su propuesta de disputar un partido que lo enfrentara al combinado insurgente. Fiel a su estilo epistolar, el subcomandante se dirigió formalmente al presidente interista, Massimo Moratti, en los siguientes términos:

> Les escribo para desafiarlos formalmente a un encuentro de fútbol entre su equipo y la selección del EZLN en un lugar, fecha y hora que ya definiremos. Visto el gran afecto que sentimos por ustedes estamos dispuestos a no ganarles por goleada y darles una paliza, sino a derrotarlos con un solo gol, para que su noble afición no los abandone.

Contra todo pronóstico, y más aún teniendo en cuenta la tradición política del Inter, asociada a los sectores burgueses y conservadores de Milán, la respuesta de Moratti fue afirmativa. A través de una carta pública firmada por su presidente, el club aceptó enfrentarse a la selección del EZLN. La noticia suscitó un gran interés en los medios de comunicación europeos y latinoamericanos. Aceptar la invitación fue entendido como un inequívoco gesto de apoyo a la causa zapatista y como una gran victoria comunicativa del EZLN.

La relación epistolar entre el subcomandante Marcos y Moratti continuó con un nuevo ofrecimiento del dirigente zapatista, que propuso el Estadio Olímpico Universitario de Ciudad de México como escenario para el partido, al tiempo que sugería a un ilustre árbitro: Diego Armando Maradona, que siempre había mostrado su apoyo a los movimientos latinoamericanos de izquierdas. Por desgracia, el encuentro entre interistas y zapatistas nunca llegó a disputarse.

El equipo del pueblo argentino

Son muchos los clubes de fútbol que, en distintos rincones del planeta, reciben el apelativo de «equipo del pueblo», fruto de su carácter popular y de la identificación con sus colores por parte de la población humilde. De entre ellos, uno de los más conocidos y destacados es el Club Atlético Boca Juniors. El equipo de Buenos Aires es un referente tanto por sus títulos y la pasión de su afición como por el hecho de que Diego Armando Maradona vistió su camiseta antes de dar el salto a Europa, reivindicándose siempre como uno de sus más acérrimos seguidores.

La configuración de Boca Juniors como equipo de carácter popular está relacionada con la evolución histórica de Argentina. Entre finales del siglo XIX y principios del XX tuvo lugar la llegada masiva de inmigrantes europeos al país sudamericano. Los nuevos extranjeros intentaban preservar sus costumbres y configuraron barrios como el de La Boca, una colonia italiana situada en el corazón de la capital. Era una comunidad humilde y sencilla que, con el tiempo, desarrollaría un potente sentimiento de pertenencia.

Fue precisamente en este barrio de inmigrantes italianos donde nació el club, fundado en 1905. La iniciativa surgió tras un encuentro entre varios jóvenes locales que acordaron la creación de un equipo que paseara el nombre de su barrio por toda Argentina. La palabra «Juniors» dulcificó la denominación, ya que entonces existían grandes prejuicios contra el vecindario de La Boca, que gozaba de mala fama entre los habitantes de las zonas más pudientes de la capital. En el Buenos Aires de la época se respiraba una gran polarización social, conviviendo por un lado la élite social, identificada con el liberalismo conservador que ocupaba el poder, y los sectores más populares, que provenían de la inmigración y de la antigua población criolla.

El nuevo club se identificó con el segundo polo social, y así lo recuerda el apodo con el que aún hoy se le conoce, *xeneize,* que evoca el origen genovés de los primeros habitantes del barrio. Las clases populares desarrollaron un papel clave en la expansión del fútbol en Argentina, donde el deporte rey había llegado importado por los marineros británicos. Con el tiempo, crearon numerosos clubes que sirvieron para estructurar identidades y combatir, mediante el deporte, la posición subordinada de estos sectores populares con respecto a las élites dominantes.

Desde un principio, Boca Juniors adoptó sus archiconocidos colores azul y amarillo después de que sus fundadores se inspiraran en la bandera sueca que lucía un barco que navegaba por el Riachuelo, el río que cruza el barrio de La Boca. También desde su fundación, la entidad se convirtió en uno de los principales exponentes del fútbol argentino y, en consecuencia, en uno de los mayores motivos de orgullo e integración para los vecinos del arrabal.

En 1916, la Unión Cívica Radical llegó al poder de la mano del presidente Hipólito Yrigoyen, lo cual conllevó el inicio de una etapa de bonanza en Argentina que permitió que una parte de la población inmigrante mejorase su posición social.

Aunque todo se truncó con el golpe de Estado de 1930, Boca Juniors se había convertido en el principal representante de esta ascensión social de origen extranjero. El club se transformó en el equipo argentino de referencia hasta el punto de que en 1925 realizó una gira por Europa, donde se enfrentó a equipos como el Real Madrid.

Los éxitos cosechados por Boca Juniors en su viaje por el Viejo Continente generaron que las élites argentinas, proclives a importar las modas del otro lado del Atlántico, vieran con buenos ojos la práctica del fútbol. Esta situación terminó por consolidar al equipo del barrio de La Boca como el emblema futbolístico del país.

Durante el largo periodo de golpes militares intercalados con gobiernos civiles que se inició en 1930 y culminó con la dictadura de la Junta Militar cuatro décadas después, Boca se reafirmó como el equipo de las clases populares. Su rivalidad con el Club Atlético River Plate, el otro gran club de Buenos Aires, tenía una cierta lectura de clase: el equipo de la franja roja se ubicaba en uno de los barrios pudientes de la capital argentina, motivo por el cual sus seguidores eran conocidos como «los Millonarios».

Fue en los años sesenta cuando Boca Juniors se convirtió en el «equipo del pueblo» no solo para su barrio, sino para toda Argentina. Y fue a mediados de esta convulsa década cuando el presidente Alberto J. Armando —el histórico dirigente que da al estadio de La Bombonera su nombre oficial— pronunció la mítica frase con la que definió a Boca como el club de «la mitad más uno» de los argentinos. Este eslogan hizo fortuna y representa a la perfección el apoyo popular que Boca Juniors congrega en todos los rincones del país; el club cuenta con una presencia masiva de aficionados cada vez que visita cualquier estadio argentino.

En varias ocasiones a lo largo de su historia, el «equipo del pueblo» ha sido un refugio para los sectores críticos con el poder. La Junta Militar de Videla tenía un importante conflicto con los fieles de la Bombonera, del mismo modo que la dramática situación económica vivida en Argentina a comienzos del siglo XXI propició que los éxitos del club se transformaran en protestas sociales. Este fue el caso de sus victorias en la Copa Libertadores, con especial énfasis en las ediciones de 2001 y 2003, en plena crisis del «corralito». En ese contexto, la alegría por el triunfo *xeneize* compartía espacio con la cólera por el deterioro del nivel de vida de las clases populares, aquellas mismas que, todavía hoy, sostienen al equipo de «la mitad más uno» del país.

Fútbol multicolor contra la homofobia

A pesar de las raíces populares de algunos clubes de fútbol y de sus vínculos con políticas progresistas, los estadios siempre han sido espacios donde la homofobia ha campado a sus anchas. Pocos clubes se salvan de haber vivido alguna situación gravemente homófoba, y uno de los hechos históricos que ponen en evidencia esta ignominia es el suicidio, en 1998, del jugador inglés de origen nigeriano Justin Fashanu, cuyo caso explicaremos más adelante.

Para huir de este ambiente homófobo, en 1980 nacieron los New York Ramblers, el primer equipo de fútbol gay de la historia. Surgió de la iniciativa que pretendía agrupar a los aficionados homosexuales del Village, el barrio gay por excelencia de Nueva York, citándose para jugar de manera *amateur* en un área de Central Park conocida como The Ramble. De este punto de encuentro proviene el nombre del equipo, que todavía existe y que se ha convertido en el decano del resto de equipos de fútbol gais en todo el mundo.

El ejemplo de los New York Ramblers propició la creación de nuevas entidades que seguían su filosofía. En sus inicios, esta expansión se limitó a Estados Unidos; en 1982 se celebraron en San Francisco las primeras Olimpiadas gais, los *Gay Games,* que contaron con la participación de dos clubes de fútbol, uno originario de Denver y otro de la misma ciudad que acogía las competiciones.

La multiplicación de los clubes que imitaban el ejemplo de los Ramblers propició la creación, en 1992, de la Asociación Internacional de Fútbol de Gais y Lesbianas. Esta entidad tenía como objetivo reunir a los equipos gais de todo el mundo y fomentar la normalización de la homosexualidad a través del fútbol. La asociación asumió la organización del torneo futbolístico que se disputa en los *Gay Games,* así como la realización anual de un campeonato del mundo de fútbol gay y lésbico.

Con el nacimiento de esta entidad, el fenómeno creció y llegó hasta Europa, y en 1994 un equipo no estadounidense ganó por primera vez el «Mundial gay»: el Cream Team de Colonia. El éxito del conjunto alemán trasladó la organización del campeonato a Berlín, cuyo testigo recogieron poco después otras capitales europeas. Más allá de Estados Unidos, Canadá, Australia y Europa, el fútbol gay también se ha expandido en algunos países latinoamericanos, como Argentina y México, que acogieron las ediciones de 2007 y de 2012 del torneo, respectivamente.

De todos modos, el gran reto de este fútbol sigue siendo llegar hasta aquellos territorios donde la homosexualidad se encuentra todavía perseguida. Este objetivo conlleva una gran dificultad, ya que la represión en algunos países imposibilita la creación de equipos que se definan en base a la orientación LGTBIQ+ de sus miembros.

A pesar del paso adelante que supone la celebración de los *Gay Games* o la creación de clubes de fútbol homosexuales, en el seno de la comunidad LGTBIQ+ no todo el mundo ve con buenos ojos estas iniciativas. La crítica que se les formula señala que no sirven para normalizar la homosexualidad en el deporte, sino que más bien crean guetos. Partiendo de esta idea, está claro que lo que realmente debería normalizarse es la homosexualidad en el fútbol y el deporte en general.

Una de las principales iniciativas para romper con el ambiente homófobo la representa la asociación Queer Football Fansclub, que reúne a grupos de aficionados de distintos clubes de fútbol constituidos por la comunidad LGTBIQ+. Esta asociación fue creada en Alemania por una de las peñas del St. Pauli y ha conseguido agrupar a decenas de peñas de clubes germánicos, a las que se han ido añadiendo grupos de animación de otros países europeos. La Queer Football Fansclub ha centrado buena parte de su actividad en la denuncia de cualquier tipo de discriminación en el fútbol, así como en la necesidad de valorar positivamente la diversidad, ya sea de origen, color de piel u orientación sexual. La entidad y las peñas que la conforman colaboran activamente en la celebración del Día Internacional contra la Homofobia en el Fútbol, que se celebra cada 19 de febrero, en recuerdo del nacimiento de Justin Fashanu.

Canción triste de Justin Fashanu

Quizá el ejemplo más grave de homofobia en el fútbol lo encontremos en la figura de Justin Fashanu, el primer jugador profesional que se atrevió a hacer pública su homosexualidad. Esta decisión marcaría su existencia y condicionó su trágico destino. Su vida también estuvo marcada por su condición de huérfano, su origen humilde y su identidad racializada, elementos que lo convirtieron en una víctima del racismo y la homofobia que dominaban el fútbol inglés en los años ochenta.

Hijo de un abogado nigeriano y de una enfermera de la Guayana británica, Justin Fashanu creció en las calles de Hackney, uno de los distritos más humildes del norte de Londres, hasta que sus padres se separaron y él y su hermano John, también futuro futbolista, terminaron en un orfanato. Fueron adoptados por los Jackson, una familia de clase media que vivía en el condado de Norfolk. Esto provocó un giro en la trágica historia de los hermanos, permitiéndoles desarrollar sus habilidades deportivas.

Después de unos prometedores inicios en el mundo del boxeo, con catorce años Justin se incorporó a las categorías inferiores del Norwich City, el principal club de fútbol del condado. Su meteórica progresión lo llevó a debutar en primera división en diciembre de 1978, con solo diecisiete años. Con la camiseta del Norwich anotó treinta y cinco dianas, entre las que destaca la que le permitió ganar el trofeo al mejor gol de la temporada 1979/80. El verano siguiente fichó por el Nottingham Forest, convirtiéndose en el primer jugador británico negro por el que se pagaba un traspaso de más de un millón de libras. El Forest era el club de moda: había ganado en 1978 su primera y única Liga inglesa, además de ser flamante bicampeón de la Copa de Europa (1979 y 1980). Sin embargo, el que debía ser un paso adelante en su carrera se convirtió en una auténtica pesadilla para Justin, en buena medida porque su nuevo entrenador, Brian Clough, descubrió su orientación sexual y lo apartó de los entrenamientos tras conocer los rumores sobre sus reiteradas salidas nocturnas a pubs y discotecas de ambiente gay. El propio Clough reprodujo en su autobiografía la conversación que mantuvo al respecto con Fashanu:

—¿Dónde vas si quieres comprar una rebanada de pan?

—A la panadería, supongo —respondió Fashanu.

—¿Y dónde vas si quieres una pierna de cordero?

—A la carnicería.

—Entonces, ¿por qué coño sigues yendo a esos malditos clubes de maricones?

El distanciamiento entre Clough y Fashanu provocó que el paso del delantero por el Forest durase apenas un año. Tras su marcha inició una trayectoria de trotamundos por el fútbol inglés que lo llevó a vestir las camisetas de Southampton, Notts County, Brighton & Hove Albion y, tras una breve estancia en América para recuperarse de una lesión en la rodilla, Manchester City, West Ham y Leyton Orient.

Fue precisamente mientras defendía los colores de este último club del este de Londres, que por aquel entonces competía en la tercera división, cuando Fashanu concedió una entrevista al periódico sensacionalista *The Sun:* el tabloide abrió su edición del 22 de octubre de 1990 anunciando la condición homosexual del futbolista.

Fashanu había pactado la entrevista a cambio de una generosa cantidad de libras, aunque *a posteriori* confesó que su motivación principal no había sido económica: según él mismo apuntó, tenía ofertas aún más elevadas a cambio de no revelar su orientación sexual.

Entre quienes le ofrecieron una recompensa monetaria estaba su propio hermano John, que por entonces jugaba en el

Wimbledon londinense. Pretendía comprar su silencio por cien mil libras para evitar que la etiqueta de futbolista gay de su hermano afectara a su imagen de «machote», que en aquellos años encajaba a la perfección con la que proyectaba un equipo duro y rudo como el Wimbledon.

En la entrevista, Fashanu también reconocía un encuentro sexual con un diputado conservador casado, una historia que *The Sun* completó con supuestas relaciones con otros políticos, futbolistas y estrellas musicales. El mismo Fashanu afirmaría que todas ellas habían sido una burda invención del periódico.

El caso le acarreó graves consecuencias. Aunque ya se encontraba en la cuesta abajo de su carrera, los insultos racistas y homófobos contra su persona se volvieron recurrentes y, a partir del anuncio, ningún club se atrevió a ofrecerle un contrato largo. Entre 1990 y 1997, año en que colgó definitivamente las botas, Fashanu pasó por hasta once equipos entre el Reino Unido y Estados Unidos, siempre perseguido por el estigma.

Su trágico epílogo llegó en 1998, cuando, establecido en Estados Unidos, donde trataba de reinventarse como entrenador, Fashanu fue acusado de abuso sexual por un joven de diecisiete años. A pesar de que el exjugador argumentó que la relación fue consentida y con una persona que cumplía la edad mínima para mantener relaciones de mutuo acuerdo, el hecho de que la homosexualidad todavía fuera ilegal en el estado de Maryland desencadenó la investigación.

El escándalo provocó que Fashanu huyera de Estados Unidos para refugiarse en Londres, donde, el 2 de mayo de 1998, a los treinta y siete años, se suicidó ahorcándose en un garaje. Aunque poco después se descubrió que no existía ninguna orden de detención contra él y que la policía estadounidense archivó el caso por falta de pruebas, ya era demasiado tarde. Fashanu se despidió con una nota en la que lamentaba que «ya había sido declarado culpable».

Las British Ladies y el origen del fútbol femenino

Al igual que su homólogo masculino, las raíces del fútbol femenino se encuentran en la Inglaterra industrial de finales del siglo XIX. En aquellos tiempos, la creciente popularidad del nuevo deporte despertó el interés de las mujeres por practicarlo. Con todo, los primeros partidos de fútbol femenino, con abundantes enfrentamientos entre solteras y casadas, eran actividades más bien folclóricas que servían, sobre todo, como escaparate para los jóvenes que buscaban esposa, y donde había un escaso interés por las habilidades futbolísticas de las jugadoras.

Los primeros enfrentamientos femeninos con carácter competitivo no llegaron hasta 1881, cuando una selección escocesa disputó una serie de encuentros contra un combinado inglés. Los partidos se celebraron en Edimburgo, en Glasgow y en el norte de Inglaterra. A pesar de las buenas intenciones de sus promotoras, en aquella época el fútbol femenino aún estaba lejos de la normalización. Así lo demuestran hechos como que las futbolistas optaran por jugar con nombres ficticios o que varios de aquellos partidos terminaran con graves incidentes. En algún caso, se produjo incluso una violenta invasión del terreno de juego que provocó la huida a la carrera de las deportistas.

La Inglaterra victoriana no veía con buenos ojos la práctica femenina del fútbol, y las críticas machistas en la prensa estaban a la orden del día. Los periódicos reprochaban a las jugadoras su aspecto, su vestimenta y su nivel deportivo, llegando a apuntar que el fútbol era un deporte exclusivamente masculino y que no era deseable que las mujeres lo practicaran. Esta teoría misógina contó con la complicidad de numerosos doctores, que, bajo presuntos argumentos médicos, sostenían que el juego podía afectar a la fertilidad femenina y, en consecuencia, amenazaba el rol reproductivo que la sociedad les asignaba.

Esta campaña machista no consiguió frenar a un grupo de chicas que, en 1894, publicó un anuncio en el *Daily Graphic* para reclutar a jugadoras con el objetivo de formar el primer club de fútbol femenino de la historia.

A pesar de la presión social, hasta una treintena de jóvenes respondieron al llamamiento, lo que supuso la fundación, el 1 de enero de 1895, del British Ladies Football Club. Este equipo pionero del fútbol femenino tuvo como entrenador a Bill Julian, entonces jugador del Tottenham Hotspur, uno de los pocos futbolistas masculinos que se atrevió a manifestar su apoyo al deporte femenino.

De entre sus creadoras cabe destacar dos figuras clave que demuestran que esta lucha de las jóvenes británicas por jugar al fútbol era una parte inseparable del combate por la emancipación de las mujeres. La primera, la aristócrata Florence Dixie, marquesa de Queensberry pero también activa deportista, viajera, escritora y corresponsal de guerra. La segunda, Nettie Honeyball, seudónimo con el que se conocía a la joven futbolista de clase media que, junto a Dixie, publicó el anuncio en el *Daily Graphic.*

Más allá de su distinto origen social, ambas eran convencidas militantes feministas. La marquesa de Queensberry se convirtió en la presidenta del club, mientras que Honeyball se hizo cargo de la secretaría. En todo caso, que el principal cargo dirigente recayera en manos de una aristócrata no impidió que la mayoría de jugadoras tuvieran un origen modesto. Todas compartían, eso sí, convicciones feministas, como era el caso de Helen Matthews, una conocida sufragista que había participado en aquella serie de partidos de 1881 con la selección escocesa.

El 23 de marzo de 1895, el British Ladies debutó en Londres en un partido que congregó a más de diez mil espectadores y que enfrentó a dos combinados del club. Las jugadoras se dividieron en función de su origen, formando un equipo del norte y otro del sur. El encuentro supuso un notable progreso en la lucha por el reconocimiento del fútbol femenino, ya que, por primera vez, las futbolistas jugaron sin corsé ni zapatos de tacón alto. Con todo, la acogida del partido en las crónicas de los principales periódicos británicos se movió entre la censura y la burla. Esta circunstancia no hizo desistir a las entusiastas deportistas, que, en poco más de un año, disputaron cerca de un centenar de partidos de exhibición por todo el país.

La actividad del British Ladies puso sobre la mesa algunos aspectos reivindicados por el movimiento feminista, como el vestuario, el ideal de feminidad o la sexualidad de las mujeres. La propia Nettie Honeyball argumentó que había decidido crear el club para «demostrar que las mujeres no son las criaturas ornamentales e inútiles que los hombres han dibujado», al tiempo que decía que la práctica futbolística femenina era un acto de «emancipación» que presagiaba que, en un futuro, «las mujeres se sentarán en el Parlamento y tendrán voz en la dirección de los asuntos que les afectan».

La presidenta del club, la marquesa Florence Dixie, era una militante sufragista que defendía, además del derecho a voto de las mujeres, la plena igualdad de género. Lo hacía hasta el punto de abogar, en un gesto absolutamente a contracorriente para su época, por que la corona pudiera ser heredada por la hija primogénita del rey. Del mismo modo, promovía la educación mixta en las aulas, el acceso igualitario a todas las profesiones y posiciones de poder y, como ya ocurría en el fútbol, el derecho de las mujeres a vestir igual que los hombres. Dixie también escribió una novela de ciencia ficción feminista, titulada *Gloriana; or, The Revolution of 1900*, publicada en 1890. La obra se adelantaba a su tiempo y retrataba un Reino Unido donde se reconocía el sufragio femenino, al tiempo que dibujaba un país que llegaba a finales del siglo XX con un Gobierno formado íntegramente por mujeres que lo llevaba a la paz y a la prosperidad.

Desgraciadamente, y a pesar del fervor de sus impulsoras, el British Ladies tuvo una vida efímera: el club desapareció en septiembre de 1896, poco más de un año después de su primer partido, por falta de recursos económicos para proseguir con su actividad. Con su disolución, el fútbol femenino volvía a la oscuridad mientras sufría las medidas que la federación inglesa impulsaba en su contra. Una de ellas, adoptada en 1902, prohibía que los equipos masculinos se enfrentaran a combinados femeninos, incluso en partidos benéficos, y vetaba que las mujeres pudieran utilizar sus instalaciones.

El sueño frustrado de las Spanish Girls

Pese a su fugaz existencia, el British Ladies sirvió como faro para nuevas iniciativas en Europa que también pretendían impulsar el fútbol femenino. Uno de esos ejemplos lo encontramos en las Spanish Girls, el primer club de fútbol femenino de España, fundado en Cataluña en abril de 1914.

El Spanish Girls Club, cuya denominación estaba claramente inspirada en el British Ladies, surgió fruto de la iniciativa de Paco Bru, por entonces jugador del Espanyol, aunque tanto antes como después jugó también en el Barcelona. Bru nació en Madrid pero hizo toda su carrera deportiva en Cataluña, hasta el punto de convertirse en una de las figuras más importantes del fútbol catalán en la época previa a la Guerra Civil. A lo largo de su trayectoria fue, además de jugador, entrenador, árbitro, directivo e incluso periodista.

Convencido del potencial deportivo del sexo femenino, importó la idea de las British Ladies, congregó a cerca de cincuenta aspirantes a futbolistas y a sus familias, y puso en marcha el club. De entre las reticencias a las que Bru tuvo que enfrentarse, cabe destacar la oposición a que las chicas vistieran con pantalones cortos o se ducharan juntas al terminar los partidos. El machismo imperante en la sociedad española de la época no veía con buenos ojos que una mujer se tomara estas libertades. Esto provocó que las jugadoras del Spanish Girls fueran llamadas «marimachos», un insulto al que Paco Bru respondía proponiendo otra calificación para estas pioneras: *«sportwomen»*, un concepto también importado del Reino Unido.

Tras dejar claras sus intenciones y seleccionar a las integrantes del equipo, Bru puso en marcha los primeros entrenamientos, que se prolongaron durante un mes y medio. En este periodo, la estructura del club se fue consolidando y estableció su sede en la Sociedad L'Amistat, situada en la barcelonesa calle del Consell de Cent.

El 9 de junio de 1914 se disputó el primer encuentro de fútbol femenino en la península ibérica, en el estadio del Espanyol ubicado en la calle Industria. Aunque el partido tenía una finalidad benéfica, las Spanish Girls no encontraron ningún equipo masculino que quisiera enfrentarse a ellas, como consecuencia del menosprecio que sufría el fútbol femenino, pero también del impacto del veto impuesto en 1902 por la federación inglesa.

Este contratiempo no desanimó a Paco Bru y a sus futbolistas, que siguieron adelante con la iniciativa, que pretendía recaudar fondos en favor de la lucha contra la tuberculosis. Igual que hicieron las pioneras inglesas en su primer partido, las Spanish Girls también optaron por dividirse en dos equipos, que bautizaron como Montserrat y Giralda, en honor al monasterio catalán y al icónico monumento sevillano, respectivamente. El encuentro fue todo un acontecimiento social y congregó a un numeroso público bajo la atenta mirada del capitán general de Cataluña y antiguo ministro de la Guerra, César Víctor Augusto del Villar, que vio desde el palco cómo las chicas del Giralda derrotaban al Montserrat por un ajustado 2-1.

Con todo, igual que había sucedido en el Reino Unido, las Spanish Girls suscitaron un fuerte rechazo entre una sociedad dominada por el machismo y el tradicionalismo. Un ejemplo de ello es la crónica del partido que publicó *El Mundo Deportivo* y que afirmaba sin pudor:

> Esta primera actuación de la mujer en el viril fútbol no nos satisfizo, no solo por su poco aspecto deportivo sino también porque a las descendientes de la madre Eva les obliga a adoptar tan poco adecuadas como inestéticas posiciones que eliminan la gracia femenil.

A pesar de las crueles críticas, las Spanish Girls repitieron el enfrentamiento dos días después, de nuevo en el recinto periquito, en un partido que terminó con empate a un gol. Montserrat y Giralda volvieron a verse las caras el 14 de junio, esta vez en Sabadell, en el primer partido que el club disputó fuera de Barcelona y que terminó con una contundente victoria del combinado con el nombre del monasterio catalán por 1-4.

Después del partido en Sabadell, las Spanish Girls jugaron en Mataró, de nuevo en la capital catalana y luego en Reus, siendo la primera vez que el conjunto disputaba un encuentro fuera de la provincia de Barcelona. De hecho, este fue el último partido del club del que se tiene constancia. Aunque el club se había comprometido a visitar Tarragona, Valencia, Palma y Pamplona, y tenía prevista una gira por el sur de Francia, las circunstancias vividas en Europa durante aquel verano de 1914, que desencadenarían el estallido de la Gran Guerra, provocaron la cancelación de todos los partidos. En consecuencia, este equipo fue una de las primeras víctimas del conflicto bélico.

Este abrupto final no deja de ser curioso, ya que la desaparición del fútbol femenino en España contrasta con el resurgimiento que vivió precisamente en varios de los países que participaron en la guerra, debido a que buena parte de los hombres estaban en el frente.

Aunque la experiencia fue breve, es importante recordar que las Spanish Girls pusieron la primera piedra del éxito actual del fútbol femenino español. Gracias a ellas, hoy podemos presumir de ser uno de los referentes internacionales, tanto a nivel de clubes como de selecciones, formando jugadoras de élite y, sobre todo, trabajando para que nuestra liga alcance el lugar que merece entre las mejores del mundo.

Fútbol Club Igualdad

Uno de los lemas históricos que el movimiento feminista difundió para combatir la brecha salarial entre hombres y mujeres fue «a igual trabajo, igual salario». Siguiendo su estela, en el mundo deportivo anglosajón se popularizó la divisa que también reclamaba «*equal play, equal pay*». Es decir, a una misma práctica deportiva, una misma retribución salarial.

Una de las pioneras de esta reivindicación fue la tenista norteamericana Billie Jean King. Cansada de recibir premios muy inferiores a los que percibían sus homólogos masculinos por ganar los mismos torneos, en 1973 amenazó con boicotear el Open de Estados Unidos si no se atribuía la misma recompensa a las categorías femenina y masculina. La presión ejercida por la tenista, que contaba con el apoyo del movimiento feminista norteamericano, surtió efecto y el US Open se convirtió en el primer Grand Slam en ofrecer idéntica retribución económica a ambos géneros.

El ejemplo igualitario de este torneo fue seguido por otras disciplinas, entre las que cabe destacar el triatlón o el tiro con arco, pero el grueso de las prácticas deportivas mantuvo una gigantesca brecha salarial que encontraba su mayor exponente en el fútbol. No fue hasta 2017, es decir, más de cuatro décadas después de aquella pionera decisión del US Open, cuando se puso en marcha la primera iniciativa que aplicaba una política salarial igualitaria entre hombres y mujeres en el deporte rey. Aquel año, el Lewes Football Club, un modesto pero histórico equipo del condado de East Sussex, situado en el sureste de Inglaterra, se convirtió en el primer club semiprofesional del mundo que decidía pagar el mismo salario a sus jugadoras que a sus jugadores.

Aunque ningún otro club siguió su ejemplo, pocos meses después del anuncio del Lewes, la federación de fútbol de Noruega se sumó a la campaña y anunció la decisión de pagar lo mismo a las futbolistas del combinado nacional que a sus homólogos masculinos. Esta medida respondía, entre otras cuestiones, a la denuncia que habían formulado las jugadoras de la selección de Estados Unidos tras proclamarse campeonas del mundo en 2015: se quejaban de que habían percibido casi seis millones de dólares menos que sus compañeros, que el año anterior habían caído eliminados en los octavos de final del Mundial masculino.

La medida igualitaria de Noruega fue imitada por varias federaciones, como la australiana, la galesa o la estadounidense, entre otras, pero no prosperó en el terreno de los clubes, donde el Lewes inglés sigue siendo el único equipo del ámbito profesional o semiprofesional que paga de forma equivalente.

La política igualitaria del Lewes FC, club fundado en 1885 en el histórico pub The Royal Oak, va más allá de la igualdad salarial. Al margen de esta medida, el club ha adoptado una iniciativa que, bautizada como Equality Football Club, es decir, Fútbol Club Igualdad, hace que los dos equipos jueguen siempre en el mismo estadio, gocen de los mismos recursos y cuenten con el mismo presupuesto para sus departamentos de publicidad o comunicación. El mensaje que pretende lanzar el club es evidente: se debe valorar y pagar por igual la tarea que mujeres y hombres desarrollan sobre el terreno de juego al defender el escudo. Es posible que esta medida haya podido ser adoptada fruto del modelo de propiedad de la entidad, ya que los socios son los verdaderos dueños del club y, por tanto, los que toman las decisiones más importantes. El Lewes recurrió a esta estructura empresarial después de sufrir graves problemas financieros, y el éxito del programa Equality Football Club demuestra que le ha permitido adquirir una nueva dimensión.

Gracias a esta política igualitaria, el Lewes FC Women, creado en 2002 con el nombre de Lewes FC Ladies, consiguió en 2018 ascender a la Championship, la segunda división del fútbol femenino inglés. Esta circunstancia le permitió enfrentarse a equipos femeninos de clubes históricos como el Liverpool o el Manchester United. El notable nivel demostrado por el Lewes Women ha provocado que sus partidos hayan llegado a congregar más público incluso que los de su homólogo masculino.

La singularidad de este caso llegó incluso al Parlamento británico, donde Karen Dobres, codirectora del club, expuso su política igualitaria en una sesión sobre la discriminación de género en el deporte. Dobres reivindicó el proyecto Equality Football Club como un instrumento de cambio social y defendió el modelo de propiedad del Lewes como un elemento clave para aplicar una medida de esta naturaleza, argumentando que propicia que el objetivo de la entidad no sea la obtención de beneficios económicos, sino la defensa de unos valores.

Otro elemento representativo de la esencia del club es la figura que preside el acceso del equipo visitante a su estadio, el histórico The Dripping Pan, hogar del Lewes desde su fundación. Ahí se encuentra una escultura de Amanda Cotton titulada *Inexorable,* que representa a Anne Bonny y a Mary Read, dos piratas del siglo XVIII que se disfrazaron de hombres para huir de la pobreza y de la sociedad patriarcal, y que terminaron enamorándose mientras asaltaban barcos y buscaban tesoros perdidos por los mares del Caribe. El club instaló esta escultura en agosto de 2022, después de que la corporación del condado de Devon considerara inapropiada la exhibición de la figura de dos mujeres piratas, lesbianas, rebeldes y empoderadas.

El Lewes también se ha erigido en uno de los abanderados en reivindicar que el premio por ganar la FA Cup sea el mismo para las categorías masculina y femenina. A todas estas posiciones en defensa de la igualdad de género hay que añadir la implicación del club en campañas contra las apuestas deportivas o en favor de un modelo de propiedad comunitaria y de una gobernanza democrática de la entidad. Esta filosofía romántica del fútbol se expresa en los carteles que anuncian sus partidos, que a menudo rinden homenaje a figuras revolucionarias del arte, la música o la política, como el Che Guevara o los Sex Pistols.

En buena medida, el Lewes FC ha demostrado ser tanto o más revolucionario que ellos.

Un ejemplo de lucha contra el fútbol negocio

Más allá de iniciativas puntuales como la del Lewes, lo cierto es que uno de los elementos que mejor define al fútbol moderno es su conversión en un negocio. La transformación de la mayoría de clubes en sociedades anónimas, la compraventa de equipos, su uso para blanquear regímenes que vulneran los derechos humanos o la aparición de multimillonarios ansiosos por conseguir fama a costa del deporte son algunos de los hechos que certifican que el fútbol actual tiene poco que ver con el de sus inicios. Su absorción por parte del capitalismo más salvaje ha causado que los principales clubes se hayan convertido en el oscuro objeto del deseo de las grandes fortunas mundiales, en un proceso que ha contribuido a la pérdida de sus identidades tradicionales.

En 2003, la adquisición del Chelsea por parte del magnate Román Abramovich —que tuvo que desprenderse de la entidad tras la presión derivada de la invasión rusa de Ucrania de 2022— fue uno de los primeros casos de un fenómeno cada vez más extendido. Esta moda ha provocado que en Inglaterra no queden prácticamente equipos de primera línea cuyos propietarios sean británicos.

El Manchester United fue uno de los más codiciados por los multimillonarios. En 1998, el empresario australiano nacionalizado estadounidense Rupert Murdoch, magnate del mundo de la comunicación, intentó comprar el club, provocando la reacción airada de una parte considerable de sus aficionados, que se negaban a aceptar que un personaje como él se situara al frente del histórico club inglés.

Durante las movilizaciones convocadas contra esta posible compra, algunos aficionados plantearon la posibilidad de crear un nuevo club que representara sus verdaderas esencias ante la evidente mercantilización de la marca. En todo caso, pese al fracaso final del intento de compra de Murdoch, en 2005 un nuevo magnate presentó otra ofensiva para hacerse con la propiedad del mítico club de Mánchester.

Malcolm Glazer, empresario estadounidense vinculado a la industria agroalimentaria y propietario de otros clubes deportivos, compró el popular equipo. Esta venta provocó que la masa social se organizara en su contra y popularizara en Old Trafford la consigna *«Hate Glazer, love United!»*, es decir, «¡Odia a Glazer, ama al United!».

Tras un largo debate sobre si era más conveniente oponerse con firmeza a Glazer desde el club ya existente o poner en marcha un nuevo proyecto que recuperara los valores tradicionales, un nutrido grupo de seguidores de los *Red Devils* optó por la creación de un nuevo equipo que fue bautizado como Football Club United of Manchester.

El nacimiento del FC United en 2005 representó un nuevo hito en la lucha contra el fútbol negocio. Por primera vez, los seguidores de un gran club se organizaban contra la visión capitalista del fútbol, creando una nueva entidad que era propiedad de su masa social.

Esta iniciativa estaba inspirada en la del AFC Wimbledon, otro club popular inglés nacido a manos de los aficionados del histórico Wimbledon FC después de que sus nuevos propietarios decidieran trasladarlo de localidad, en un ejemplo que nos muestra una de las peores caras del fútbol negocio. El FC United sirvió más tarde como fuente de inspiración para los numerosos clubes de carácter popular que se constituyeron en Europa, entre los que podemos destacar al Unión Club Ceares, pionero en este tipo de iniciativas en España.

El nuevo United of Manchester, que empezó su andadura desde la décima categoría del fútbol inglés, se estructuró como una entidad democrática y sin afán lucrativo. Debido a las evidentes connotaciones izquierdistas del proyecto, rápidamente se le conoció como los *Red Rebels,* los Rebeldes Rojos.

El éxito del club no se hizo esperar y en sus tres primeras temporadas encadenó ascensos consecutivamente hasta consolidarse en la séptima división del fútbol inglés. En la temporada 2014/15, el FC United logró el mayor hito de su corta historia cuando consiguió el ascenso a la sexta división. Permaneció cuatro temporadas en esta categoría hasta que, en 2019, descendió de nuevo a la séptima división, donde sigue compitiendo en la actualidad.

Fruto de las simpatías que despierta entre la masa social de aficionados del Manchester United, los *Red Rebels* han logrado consolidar un volumen medio de asistencia al estadio cercano a los dos mil espectadores, una cifra nada desdeñable para su categoría. En algunas ocasiones ha llegado incluso a reunir a más de seis mil personas, como sucedió en la eliminatoria de la FA Cup que lo enfrentó al Brighton & Hove Albion, disputada en 2010.

Aunque Glazer y los dirigentes del Manchester United censuraron la medida adoptada por estos aficionados, los *Red Rebels* encontraron apoyos notables entre las viejas glorias del United. Por ejemplo, el mismísimo sir Alex Ferguson acusó públicamente a los nuevos propietarios del histórico club de estar más preocupados por la nueva iniciativa popular que por el futuro de los *Red Devils.* Y Eric Cantona afirmó en referencia a los promotores del FC United: «Han tenido una gran idea. Espero que se conviertan en un gran club y que dentro de cincuenta años puedan ganar la Copa de Europa».

Hoy por hoy, las ambiciones del FC United siguen siendo un poco más modestas. El club pretende seguir siendo propiedad de los socios, conservando su funcionamiento democrático, y sumar espectadores para llenar el estadio donde juega sus partidos como local, Broadhurst Park. La entidad inauguró en 2015 este recinto de su propiedad, ubicado muy cerca de Newton Heath, la cuna del Manchester United.

La existencia de un club como este, y la de tantos otros equipos que se inspiran en su ejemplo, es una muestra de la actitud de resistencia que todavía mantienen algunos aficionados contra la mercantilización del deporte rey y su sumisión a las leyes del capitalismo. Lo que proponen equipos como el FC United no es sino el retorno a las esencias originales del fútbol, donde, por encima del negocio, el deporte tenga una función social y comunitaria, y donde las entidades sean propiedad de sus seguidores. Un sueño que parece prácticamente imposible cumplir en los tiempos que corren. Con todo, la existencia de proyectos como el del FC United representa un hilo de esperanza para quienes todavía se niegan a olvidar las raíces.

Quizá dentro de medio siglo, como apuntaba Cantona, el modesto equipo de Mánchester alzará una orejona plantando cara a las multinacionales en las que se han transformado los grandes clubes europeos. Sería una noticia excelente para la salud del fútbol, pero parece un final demasiado feliz como para que se convierta en una realidad.

En el mundo globalizado de nuestros días, los grandes clubes combinan la expresión de una identidad local cada vez más residual con la búsqueda de apoyos a escala global que les permitan ampliar el volumen de negocio. Siendo sinceros, no corren los mejores tiempos para quienes amamos el fútbol libre y popular: los millonarios contratos televisivos vacían de espectadores los terrenos de juego más modestos, los precios abusivos de las entradas expulsan a las clases populares de los principales estadios y la escasa identificación de los jugadores con sus clubes evidencia que muchos futbolistas se han convertido en mercenarios del balón.

Pese a esta mirada pesimista sobre la actualidad, también es cierto que la fuerza del fútbol como fenómeno global que encarna todas las pasiones, las tensiones y las contradicciones que caracterizan a nuestras sociedades nos permite dejar una puerta abierta a la esperanza. Por suerte, muchos de los ejemplos que hemos repasado en este libro ponen en evidencia que el deporte rey puede ser una herramienta excelente para luchar por las causas justas que la humanidad ha defendido a lo largo de su historia. Y es que, si el fútbol no es más que un espejo en el que se reflejan las virtudes y los defectos de nuestras sociedades, este deporte estará al servicio de la libertad en tanto que los hombres y las mujeres de nuestro tiempo decidan combatir por ella.

BIBLIOGRAFÍA

Libros

BILLIG, M., *Nacionalismo banal,* R. García Pérez (tr.), Capitán Swing, Madrid, 2014.

BONIFACE, P., *Football & mondialisation,* Armand Colin, París, 2010.

BONIFACE, P., *La terre est ronde comme un ballon. Géopolitique du football,* Seuil, París, 2002.

BROHM, J.-M., *Sociologie politique du sport,* PUN, Nancy, 1992.

BROHM, J.-M., PERELMAN, M., *Le football, une peste émotionnelle: la barbarie des stades,* Gallimard, París, 2006.

BROMBERGER, Ch., *Football, la bagatelle la plus sérieuse du monde,* Pocket, París, 2004.

CORREIA, M., *Una historia popular del fútbol,* I. Aragón (tr.), C. Viñas (pr.), Hoja de Lata, Gijón, 2019.

DARBY, P., *Africa, Football and FIFA: Politics, Colonialism and Resistance,* Routledge, Milton Park, 2002.

DIETSCHY, P., GASTAUT, Y., MOURLANE, S., *Histoire politique des Coupes du Monde de football,* Vuibert, París, 2006.

DIETSCHY, P., KEMO-KEIMBOU, D.-C., *L'Afrique et la planète football,* Éditions EPA, París, 2010.

Foer, F., *El mundo en un balón. Cómo entender la globalización a través del fútbol,* M. Fernández de Villavicencio (tr.), Debate, Barcelona, 2004.

Galeano, E., *El fútbol a sol y sombra,* Siglo xxi, Madrid, 2023.

García Candau, J., *El deporte en la Guerra Civil,* Espasa, Barcelona, 2007.

Goldblatt, D., *The ball is round. A global history of football,* Penguin Books, Londres, 2007.

Gómez, D., *La patria del gol. Fútbol y política en el Estado español,* Alberdania, Irún, 2007.

Gotzon, J., *Los gudaris del balón. Selección Euzkadi 1937-1939,* Txalaparta, Tafalla, 2022.

Korr, Ch., Close, M., *More than just a game. Football v apartheid,* Collins, Londres, 2008.

Kuhn, G., *Soccer vs. The State: Tackling Football and Radical Politics,* pm Press, Oakland, 2011.

Kuper, S., *Fútbol contra el enemigo,* D. González Raga y F. Mora Zahonero (trs.), Contra, Barcelona, 2012.

Montague, J., *When Friday Comes. Football in the War Zone,* Mainstream Publishing, Edimburgo, 2008.

Pérès, J.-F., *Dico fou du foot africain,* Éditions du Rocher, Mónaco, 2010.

Segurola, S. (ed.), *Fútbol y pasiones políticas,* Debate, Madrid, 1999.

Sonntag, A., *Les identités du football européen,* pug, Grenoble, 2008.

Vassort, P., *Football et politique. Sociologie historique d'une domination,* L'Harmattan, París, 2005.

Vázquez Montalbán, M., *Fútbol. Una religión en busca de un Dios,* Debate, Barcelona, 2005.

Wilson, J., *Behind the curtain. Travels in Eastern European football,* Orion, Londres, 2006.

Diarios, revistas y otras publicaciones periódicas

11Freunde, As, Charlie Hebdo, Courrier International, El 9 Esportiu de Catalunya, El Mundo Deportivo, Four Four Two, France Football, Le magazine L'Équipe, Le Monde Diplomatique, L'Équipe, Les Cahiers du Football, L'Esportiu de Catalunya, Líbero, Manière de Voir, Marca, Onze Mondial, Panenka, So Foot, Sport, Vanguardia Dossier, When Saturday Comes.

ÍNDICE

LEOPARDS
LEOPARDS
1
4
6

LEOPARDS
ZAIRE

«E il naufragar m'è dolce in questo mare»